단숨에 정리되는
그리스철학 이야기

단숨에 정리되는
그리스철학 이야기

이한규 지음

좋은날들

우리가 잊고 있는 철학하는 삶

철학philosophy은 고대 그리스어로 '필레인(사랑하다)'과 '소피아(지혜)'가 합쳐진 말입니다. 지혜를 사랑하고 그것을 추구하는 학문이 철학인 것이지요. 학문의 세계는 넓고 다양합니다. 우리가 배우는 수학, 물리, 화학, 사회 등의 학문은 제각기 탐구하는 영역이 다릅니다. 철학이라는 학문 또한 탐구의 대상이 존재하지요. 그런데, 철학이 다루는 대상은 개별적인 현상이나 어느 특정한 분야가 아니라 인간 자체와 인간과 관계되는 모든 것입니다. 한마디로 철학은 인간이 생각할 수 있는 모든 문제들을 다룹니다. 그래서 철학이 어렵다거나 모든 학문의 근본이라는 말들을 하는 것입니다.

그렇다면 그 같은 철학 공부가 우리에게 어떤 도움이 될까요? 사람들은 자신의 경험이나 책, 주위의 가르침을 통해 나만의 생각을 만들고 그것이 옳다는 확신을 하며 살아갑니다. 그들 중에는 철학적으로 사유하는 방법을 배운 사람도 있고 그렇지 않은 사람도 있을 텐데, 그 차이는 결코 작지 않습니다.

일반적으로 사람들은 자신의 생각을 아무런 비판 없이 참으로 믿고 행동하는 경우가 많습니다. 하지만 철학을 공부하고 철학적으로 사유하는 사람들은 경험이나 책, 가르침을 통하면서도 단순히 그것들에 의존하고 따르기보다는 비판적으로 사고하는 습관을 갖게 됩니다. 이것이 진정한 올바름에 도달하기 위한 방편이 되는 것이지요. 또한 철학적 사유는 독선적 사고를 막아 타인과의 소통을 원활하게 해주는 역할을 하기도 합니다. 철학 공부를 통해 더 합리적이고 이성적인 대답을 찾기 위해 스스로 노력하는 법을 깨치기 때문입니다.

서구 인문학의 뿌리가 된 그리스철학

이러한 철학을 최초로 발명한(?) 사람들은 고대 그리스인입니다. 최초의 철학자는 기원전 6세기경 밀레토스 출신의 탈레스라고 알려져 있습니다. 그로부터 신플라톤주의를 대표하는 로마의 철학자, 플로티노스까지 약 천 년 동안 그리스 세계에서 지속된 철학을 우리는 고대 그리스철학이라 부릅니다. 그리스철학은 서양 인문학의 뿌리입니다. 모든 위대한 사상가는 자신의 사상을 고대에서 건져 내었고, 고대 철학을 창조적으로 해석했습니다. 그렇기에 러셀은 "서양철학은 몇 가지 중대한 점에서 모두 그리스철학이며, 그래서 과거의 위대한 사상가들과 우리를 이어 주는 끈을 잘라 버린다면 어떤 철학 사상에 몰두해도 헛된 일"이라고까지 했습니다.

고대 철학이 우리에게 건네 준 가장 큰 선물은 인간 지성에 대한 믿음과 이성적이고 합리적인 삶의 태도일 것입니다. 더욱이, 고대 그리스 철학의 매력은 세계와 삶에 대해 처음으로 체계적인 사유를 시작했다는 데 있습니다. 철학의 기원과 그 원형을 탐구하는 것은 재미있을 뿐아니라 삶에도 매우 유익합니다. 고대 철학자들이 철학하는 방식은 오늘날의 철학자들과는 매우 달랐습니다. 당시에 철학자들은 어두운 도서관이 아니라 밝은 거리에서 철학을 했습니다. 사람들과 함께 모여 다양한 주제를 놓고 토론을 한 것이지요.

거리 철학의 대표적인 인물은 소크라테스입니다. 참된 앎에 도달하기 위해 사람들과 함께 토론하는 것, 그것이 소크라테스가 추구한 철학이며, 현재를 살아가는 우리가 잊고 있는 철학하는 삶의 모습이지요. 따라서 저는 철학의 내용이 아니라 철학하는 삶과 방법이 고대 그리스 철학의 진정한 가르침이라고 생각합니다.

그냥 사는 게 아니라 잘살기 위하여

소크라테스가 '음미하지 않는 삶이란 의미가 없다'라고 한 말은 고대 철학자들에게 있어서는 상식이었을 것입니다. 그들은 앎과 삶을 일치시키고자 늘 노력했습니다. 또한 아리스토텔레스의 말처럼 그들은 "그냥 살기 위해서가 아니라 잘살기 위해서" 사유를 했습니다. 그런 점에서 고대 철학을 공부한다는 것은 철학자들의 이론뿐 아니라 우리의 삶을 이해하고 바로잡는 과정입니다.

하지만, 철학이라는 드넓은 바다를 누구의 도움도 없이 홀로 뛰어드는 것은 두려운 일입니다. 모든 학문들이 그 분야에 첫발을 내딛는 사람들을 위해 유용한 나침반과 지도를 준비하듯이, 철학의 바다를 처음 항해하고자 하는 우리에게도 누군가의 도움이 필요합니다. 이 책은 고대 그리스철학을 처음 접하는 사람들을 위한 안내서입니다.

고대 철학을 다룬 책들은 대개 그 내용이 이론 중심적이고 전문적이어서 철학에 입문하는 사람들이 읽기에는 너무 어렵습니다. 한편으로는 철학자들의 삶과 에피소드를 중심으로 서술되었기에 철학의 큰 흐름이나 철학자마다의 중요한 사상이 빠져 있기도 합니다. 그렇지 않고 쉽게 읽히면서도 철학사의 흐름과 철학자들의 사상, 그들의 삶을 제대로 이해할 수 있다면……. 그것이 이 책을 쓰게 된 이유입니다.

고대 그리스 천 년의 철학이 오늘을 살아가는 사람들, 특히 청소년의 삶에 도움이 될 수 있기를 바랍니다. 그냥 그렇게 남들이 사는 대로 따라서 사는 삶이 아니라 자신이 주인이 되고, 자신의 꿈을 실현하고자 하는 사람들에게 고대 철학자들의 삶과 그들의 철학이 좋은 길잡이가 되기를 바랍니다.

춘천에서 **이한규**

PART 2

그리스철학의
　　황금기가 펼쳐지다

PART 3

그리스철학의 황혼,
        헬레니즘 철학

PART
1

철학의 탄생과
소크라테스 이전 철학자들

철학이라는 학문은 기원전 6세기경 이오니아 지방에 위치한 밀레토스에서 발생하게 됩니다. 이오니아는 오늘날 에게 해와 만나는 터키의 서남부를 이르는 고대 지명으로, 밀레토스는 그리스인들이 건설한 식민 도시였습니다.

그리스인은 당시 해상무역의 발전으로 인근의 선진 문명을 일찍이 받아들였습니다. 많은 그리스 지식인들이 외국으로 여행을 떠났고, 그곳에서 새로운 학문과 지식을 배워 왔습니다. 그것은 인간의 경험이 축적되면서 얻어진, 현실의 삶에 적용하기 위한 지식이었습니다. 예를 들어 당시 이집트에서 발전한 기하학은 해마다 일어나는 나일 강의 범람 이후에 땅 경계를 다시 정하기 위해서였습니다. 땅 문제로 인한 사람들 간의 다툼을 해결하기 위한 방편으로 기하학이 발전한 것이지요. 천문학이나 다른 학문들도 마찬가지였습니다. 먼 바다로 나간 선원들이 길을 잃지 않고 목적지에 도착할 수 있도록 연구한 것이 천문학의 발전으로 이어졌습니다. 하지만, 그리스인들이 만들어 낸 철학이라는 학문은 이런 실용적인 지식과는 달랐습니다.

그러면 철학이란 무엇이고, 그리스인들은 어떻게 철학을 했으며, 다른 방식이 아닌 바로 그런 방식으로 철학을 했던 이유는 무엇일까요? 수많은 지적 탐험가들이 이러한 물음에 답을 얻기 위해 노력했지만 여

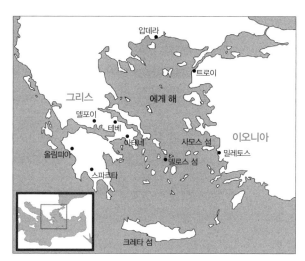

고대 그리스의 지형과 도시국가들. 기원전 6세기, 이오니아 지방의 밀레토스에서 최초의 철학이 발생했다.

전히 분명한 답을 찾기란 쉽지 않습니다. 다만, 우리는 그들 지적 탐험가들의 노력으로 철학의 탄생에 대한 비밀을 어느 정도 밝혀낼 수는 있습니다. 철학의 탄생에 대해 언급한 최초의 인물은 아리스토텔레스입니다. "지금과 마찬가지로 그때도 인간의 경이감에서 철학이 시작되었다."라고 아리스토텔레스는 말합니다. 사람이라면 누구나 경이감을 느끼고 그로 인해 지적인 욕구가 생기고, 나아가서 철학적 사유를 한다는 것이지요.

자연현상에 대해 무지했던 고대 그리스인들은 낮에 태양이 사라지는 일식이나, 마른하늘에 벼락이 치는 일들을 경험하면서 그 현상에 대해 놀라워했을 것입니다. 하지만 그들 중 누군가는 놀라는 데 그치지 않고 그 같은 현상이 일어나는 이유를 알고자 했습니다. 자연의 조화 앞에서 느꼈던 놀라움과 경이감이 세계의 시초와 본질에 대한 질문을 던지게 한 것이지요. 아리스토텔레스는 이러한 질문이 철학과 과학의 합리적인 기초를 세우는 계기가 된다고 보았습니다. 그런데 아리스토텔레스의 대답에도 의문은 남습니다. 그리스인을 제외한 다른 민족들은 그 같은 경이감을 갖지 않았을까, 라고 말입니다. 이와 관련해 고대 그리스에서 철학이 최초로 발생한 이유에 대해 이 장에서 살펴볼 것입니다.

최초의 철학은 밀레토스 출신의 탈레스와 그의 제자인 아낙사고라스, 그리고 아낙시메네스로 이어집니다. 이들의 주된 관심은 자연이었습니다. 인간의 삶을 에워싸고 있는 자연현상이 왜 생겨나게 되는지 그 원인을 찾으려 한 것입니다. 그래서 사람들은 그들을 '자연 철학자'라고 부릅니다. 이후 그리스철학은 소피스트와 소크라테스가 등장하면서 자연에 대한 탐구에서 인간과 사회로 탐구의 대상이 바뀌게 되지요.

밀레토스가 페르시아의 침략으로 사라지게 되자, 밀레토스의 철학은 지중해와 에게 해 주변의 도시국가로 퍼져 갑니다. 밀레토스 출신이면서 다른 지역에 최초로 철학의 뿌리를 내린 사람은 피타고라스입니다. 오늘날 '수학의 아버지'라 불리는 그는 밀레토스의 철학자와는 다른 방식으로 자연을 이해합니다. 또한 그는 이집트와 페르시아 지역에서 발전한 종교를 자신의 철학에 접목시킵니다.

피타고라스 이후에 등장하는 헤라클레이토스와 파르메니데스는 그리스의 철학적 사고를 한 차원 높이는 데 커다란 역할을 합니다. 헤라클레이토스는 "같은 강물에 두 번 몸을 담그는 것은 불가능하다."며 세계를 변화의 관점에서 보았고, 그에 비해 파르메니데스는 "있는 것은 있고, 없는 것은 없다."며 세계를 변화하지 않는 것으로 이해했습니다. part 1의 마지막에 다루게 될 '웃는 철학자' 데모크리토스는 현대의 과학 이론과 비슷한 철학을 제시합니다. 그의 원자론은 만물의 근원을 물질로 보는 유물론의 출발점으로 여겨지는데, 이 유물론 철학은 고대보다 근현대에 더 큰 영향을 주게 됩니다.

그리스철학은
왜 일찍부터 발전했을까?

그리스철학은 고대 그리스에서 발생하여 고대 로마에까지 계승된 철학을 말하는데, 탈레스가 활동했던 기원전 6세기부터 아테네의 아카데메이아가 폐쇄된 6세기 초까지 대략 천여 년에 걸쳐 있습니다.

고대 그리스철학은 서양 인문학의 뿌리이자 서양인들의 정신적 고향입니다. 서양의 문화와 예술, 사상, 과학은 모두 고대 그리스철학이라는 뿌리에서 자라나 무성한 가지와 열매를 맺게 됩니다. 다시 말해, 서양 인문학의 근원과 그들의 정신을 이해하려면 고대 그리스철학을 비켜갈 수 없다는 뜻이지요.

그런데, 메소포타미아나 이집트, 황허처럼 고대 문명의 직접적인 발생지도 아니었던 그리스에서 최초의 철학이 뿌리를 내리게 된 이유는 무엇일까요? 아마도 고대 그리스철학이 처음 생겨나고 눈부신 발전을 이룬 데에는 다른 지역과는 다른 어떤 조건이 있었을 것입니다. 철학사를 연구하는 사람들은 일반적으로 그 조건을 그리스의 자연적 환경, 정치적 환경, 그리고 그리스신화와 시인 호메로스와 헤시오도스의 영향으로 보고 있습니다.

그리스의 자연이 시각의 문화를 만들다

먼저, 그리스의 자연환경이 철학에 미친 영향은 무엇일까요? 그리스는 지리적으로 긴 산맥들이 땅을 가르고 있습니다. 그에 따라 작고 폐쇄적인 무수한 계곡과 고원들, 그리고 바다와 접해 있는 반도에는 수많은 만과 정박지가 만들어졌습니다. 그와 함께 에게 해에 퍼져 있는 섬들에는 땅과 바다의 대립적인 요소들이 오랜 세월 그곳 사람들에게 스며들었습니다. 그리스인들은 아름다운 빛의 세례를 받으며 온화하고 따사로운 기후를 누렸지요.

변화가 많은 지형과 맑고 투명한 날씨는 그리스인만의 독특한 문화를 만들었는데 바로 '시각의 문화'입니다. 시각의 문화란 눈에 보이는 것을 중요하게 생각하는 문화를 말합니다. 그리스인에게 아름다움이란 입체적인 형식과 균형 잡힌 선들, 그리고 조화로운 모습을 가진 것을 의미하지요. 그들이 조각과 건축에서 독보적이며 기념비적인 작품들을 많이 만들어 낼 수 있었던 것은 바로 그런 문화 때문입니다.

시각의 문화는 예술의 영역에서만 돋보인 것이 아니었습니다. 이러한 문화는 철학과 과학이 왜 고대 그리스에서 발전했는지를 이해하는 데도 도움이 됩니다. 아침에 동트기 직전 어둠이 세상을 감싸고 있을 때, 사물들은 불투명해 그 모습을 잘 볼 수 없습니다. 이윽고 밝은 태양이 떠오르면서 희미했던 사물들은 모습을 드러내어 명확한 자태를 보여 줍니다. 그리스인에게 '진리'란 이렇듯 어둠에 숨어 있던 희미함이 빛을 통해 분명하게 드러나는 것입니다. 그리스인들은 감추어져 드러나지 않았거나 불분명한 것들을 밝혀내려는 기질이 강했습니다. 그 같은 성향이 궁금증을 해결해 내고야 마는 탐구 정신을 낳았고, 과학과 철학을 만들어 내는 배경이 되었습니다.

자연환경이 그리스인들에게 끼친 영향 중 또 한 가지 중요한 요소는 바다입니다. 그리스인이 살던 땅은 그다지 비옥하지 못했기에 그들은 생산성을 높이려는 다양한 시도를 했습니다. 그런 노력이 기술의 숙련성과 발명 정신을 자극했을 테지만, 생산성 향상에는 한계가 있었고 마

산토리니 섬에서 바라본 에게 해의 모습. 그리스 남쪽 끝에 위치한 반달 모양의 이 섬은 파란색과 흰색의 대비가 아름답기로 유명하다.
© Nikos Kanellopoulos

침내 그들은 바다로 눈을 돌리기 시작했습니다. 그리스인들에게 바다는 경이감과 호기심을 자극하며 더 멀리까지 탐험하고 싶은 욕망을 불러일으켰습니다. 아울러 오래전에 그리스 반도로 밀려 온 북쪽 유목민들의 침략을 받자 그리스인들은 바다를 통해 이웃 세계로 나아갔고, 도착한 곳마다 새로운 국가를 건설했습니다.

그리스인에게 바다는 모험과 새로운 삶의 터전이었고, 동시에 주변 민족들과 소통할 수 있는 수단이었습니다. 이로써 다른 문화, 다른 관습, 다른 종교와 지식을 알게 되었지만, 한편으로 다른 민족들과의 갈등도 생겨났습니다. 그런데 지난 백여 년 전 우리나라도 외국의 문물을 받아들이면서 겪은 문제입니다만, 다른 문화권의 관습, 정치질서, 이질적인 종교가 섞이게 되면 민족의 정체성이 흔들릴 우려가 뒤따르게 마련입니다. 그 결과로 자신들이 오랫동안 진리라고 믿어 왔던 것들을 의심하게 되지요.

이와 관련해 독일의 유명한 철학자 클라우스 헬트는《지중해 철학 기행》에서 이렇게 말합니다.

"이오니아 해안의 주민들에게는 개방적인 환경으로 인해 다양한 경험의 가능성이 열려 있어서 정치와 개인 생활의 동질성을 유지하는 이러한 통일성이 위태로운 처지에 있었다. 그러므로 이렇게 가정할 수 있을 것이다. 철학과 과학을 탄생시킨 근본적인 요인은 동질성을 유지하려는 욕구, 즉 통일된 삶의 토대를 확보하고 모든 당위성에 대해 불거져 나오는 상대적 의문을 방지하고자 하는 소망과 함께 작용했을 것이다."

다시 말해, 그리스인들이 전통적으로 지켜 왔던 질서가 다양한 문화의 도전을 받았기에, 자신들의 전통을 지키기 위한 노력의 일환으로 철학과 과학이 등장했다는 것이지요.

도시국가의 개방적인 토론 문화

고대 그리스인이 철학이라는 학문을 발견할 수 있었던 또 하나의 요인은 정치적인 자유였습니다. 지금도 그렇지만 언론의 자유가 보장되지 않는 상황에서는 학문이 발전하기 어렵지요. 학문은 그 어떤 권위로부터도 자유롭게 자신의 주장을 펼칠 수 있는 경우에만 발전하는 법입니다. 현대의 학문이 발전한 나라들은 모두 자유로운 토론이 가능했습니다. 고대 그리스의 상황도 마찬가지였습니다.

기원전 12세기경, 오늘날 터키 연안에 위치한 트로이는 그리스 연합군의 침략을 받고 오랜 전쟁을 거치는 와중에 결국 함락됩니다. 신화에 따르면, 이 전쟁은 트로이의 왕자 파리스가 스파르타의 왕비 헬레네의 사랑을 얻어 몰래 그녀를 데려간 게 발단이었습니다. 여기에 화가 난 스파르타 왕 메넬라오스가 형 아가멤논과 함께 에게 해를 건너 트로이를 공격하게 되고, 영웅 아킬레우스의 활약과 '트로이의 목마'로 인해 트로이는 멸망하고 말지요.

전쟁 후 그리스 군대는 사나운 폭풍우를 피하기 위해, 트로이 난민들은 그리스인의 폭압을 피해 지중해 연안 곳곳에 크고 작은 도시를 건설하게 됩니다. 이후에는 문명이 뒤떨어진 북방의 그리스 종족들이 그리스 반도로 대규모로 이주해 왔습니다. 이들에게 밀려 그리스 본토에 살던 원주민들은 에게 해의 섬들과 소아시아 해변, 시칠리아나 남부 이탈리아에 자신들의 공동체를 만들게 되었습니다. 그러한 가운데 기원전 8세기경 부족 간 결합에 의해 독자적인 주권을 가진 작은 국가들이 도처에 생겨났는데, 이것이 도시국가인 폴리스polis입니다.

소규모 도시국가들이 많이 형성된 데에는 그리스 땅의 변화무쌍한 형태도 한몫했습니다. 산맥으로 둘러싸인 무수한 저지와 고원, 복잡한 해안선, 에게 해의 작고 수많은 섬들, 이러한 지형적 조건으로 인해 규모가 작은 도시국가들이 나타난 것입니다.

이들 도시국가 중 우리에게 가장 널리 알려진 나라는 아테네와 스파르타이지요. 기원전 5세기경 아테네가 가장 번영을 누렸을 당시의 인구는 35만 명 정도로 추산되고 있습니다. 플라톤은 이상적인 도시국가의 인구를 5천 명으로 생각했다고 하니, 그 밖의 다른 도시국가의 규모도 상상이 될 것입니다.

자유로운 시민들에 의해 건설된 조그만 도시국가 형태는 그리스 민족만의 특징이었습니다. 그 당시 그리스를 에워싸고 있던 주변 국가들은 거대한 제국을 건설하였습니다. 페르시아나 이집트가 단적인 예지요. 이런 국가에서는 한 명의 왕이 국민 위에 군림하였고, 그의 말이 곧 법이며 진리였습니다. 국민에게는 오로지 복종과 예속만이 있었습니다. 철학자 헤겔은 이런 국가를 "한 명의 자유인과 나머지는 노예 상태"로 이루어진 전제국가라 표현했지요.

그리스인들은 도시에서 가장 높은 언덕에 신전을 세웠습니다. 그곳을

'아크로폴리스'라고 하는데, 가장 뾰족한 곳에 세워진 폴리스라는 뜻입니다. 그 아래에는 '아고라'라 불리는 장터와 '프리타네이온'이라는 시청이 있고, 주변에는 극장과 체력을 단련할 수 있는 연무장이 있습니다.

대다수 시민들은 아고라에 모여 장도 보고 그날 있었던 이야기도 나누곤 했습니다. 여론이라는 게 이곳에서 생겨났지요. 간혹 어떤 도시국가에는 왕이 있기도 했지만, 도시국가의 주인은 언제나 시민들이었습니다. 그들은 아고라에 모여 정치를 논하고, 토론을 즐겼습니다. 지중해의 따스한 햇살과 부드러운 바람을 맞으면서 말이지요. 아마 밥보다 토론을 더 좋아하는 민족은 그리스인 말고는 그 유래가 없을 것입니다. 이러한 개방적인 토론 문화가 철학을 탄생시킨 요인이 된 것은 말할 나위도 없겠지요.

그리스인들이 장터에서 벌인 토론은 주로 거래를 위한 대화나 서로의

아테네의 아크로폴리스. 고대 그리스의 도시국가들은 대개 중심지에 언덕이 있었는데, 아크로폴리스는 여기에 세워졌다. 오른편 위의 건물이 파르테논 신전이다.

고대 아고라의 모습. 아크로폴리스가 정치와 종교의 중심지였다면, 아고라는 시민 생활의 중심지로 시장, 민회와 재판, 사교 등의 다양한 활동이 이루어졌다. 아고라 왼쪽 뒤편에 헤파이스토스 신전이 보인다. ⓒ Madmedea

관심사를 확인하는 것이었습니다. 거래나 대화는 지배와 예속의 관계가 아닙니다. 그런데, 우월적 권위를 지니지 않은 평범한 사람들이 장터에서 만나 대화를 할 때는 서로 간의 어떤 공통적인 바탕 위에서만 가능할 것입니다. 이때 양자의 공통적인 바탕, 즉 너도 가지고 있고 나도 가지고 있는 것은 무엇일까요?

그리스인들은 그것을 '로고스logos'라 불렀습니다. 로고스는 흔히 진리 혹은 이성理性을 가리키는데, 본래 의미는 '말'이란 뜻입니다. 사람은 말을 통해 생각을 하고 소통을 합니다. 말은 단순히 도구가 아니라 인간의 사유 그 자체인 것이지요. 인간이면 누구나 가지고 있는 가장 중요한 능력이자 모두에게 공평하게 분배된 것, 모든 인간이 가진 공통의 것,

즉 '이성'을 바탕으로 서로 자유롭게 소통하는 데에서 철학은 싹을 틔우게 됩니다.

철학의 시작, 신화와 서사시

괴테와 동시대를 풍미했던 독일의 시인 횔덜린은 이렇게 말합니다.

"시(호메로스와 헤시오도스가 쓴 서사시)는 철학의 발단이며 끝입니다. 미네르바가 주피터(제우스)의 머리에서 태어났듯이 철학은 무한한 신적인 존재에 대한 시적 표현에서 발생했습니다. 때문에 신비한 원천에서 헤어졌던 것이 결국 시에서 다시 합류하는 것입니다."

시인다운 표현입니다. 그런데 여기서 횔덜린이 말하고자 한 것은 명백합니다. 철학의 시작은 시였다는 것이지요. 고대 그리스인들은 자연의 힘과 질서 앞에서 두려움과 경이감을 가졌습니다. 매 순간 무엇에 두려워하는 자신의 모습을 상상해 보세요. 그러한 두려움이 지속된다면 사람은 안정된 삶을 유지하기가 힘들 것입니다. 그래서 그들은 이해할 수 없는 힘에 인격성을 부여했습니다. 바로 이 부분에서 그리스인들의 천재성이 돋보입니다. 자연의 힘은 신들의 힘이 되고, 동시에 신은 인간의 모습을 하게 됩니다.

최고의 신 제우스, 불과 대장장이의 신 헤파이스토스와 그의 아내가 된 사랑과 미의 여신 아프로디테, 그리스인에게 가장 사랑받았던 아폴론 등 모든 신들이 가지고 있는 힘은 자연의 힘을 상징합니다. 또한 이

26

들 신들은 인간과 비슷한 삶의 모습을 보이곤 합니다. 인간과 신의 근본적인 차이는 단지 죽는 존재인가 아닌가에 있지요. 이런 식으로 자연의 힘에 인격성을 부여함으로써 그리스인들은 자연이 주는 두려움에서 벗어날 수 있었고, 안정적 삶을 꾀할 수 있었습니다.

게다가 그리스의 신들은 전지전능한 존재가 아닙니다. 신들의 배후에는 그들을 지배하는 운명이나 섭리가 있습니다. 그리스인들에게 신은 자연적 질서의 일부이며, 또한 신이 지속적으로 인간사에 개입한다고 믿었습니다. 당연히 나의 행위와 감정에 대한 책임을 고스란히 짊어지려고 하지 않았습니다. 내가 사랑에 빠지거나 누구를 미워하는 것도, 지나친 욕심을 부리거나 무모하게 용감한 행동을 하는 것도 신들의 관여 때문이지요. 그런 한편으로 자신을 신으로부터 멸시당하는 굴욕적인 존재라고 생각하지도 않았습니다. 신들의 개입과 행위를 두려워하기보다는 오히려 경이감을 갖고 바라보았습니다.

기원전 12세기경 지중해와 에게 해 주변으로 퍼져 간 그리스인들은 공동체에 전승된 다양한 신화들도 함께 가지고 떠났습니다. 이야기는 이야기를 만들고, 또 다른 이야기와 결합되어 새로운 신화들이 만들어졌습니다. 이렇게 다양하고 풍부한 그리스 신화를 최초로 집대성한 사람은 호메로스와 헤시오도스였습니다. 헤로도토스는 《역사》에서 이렇게 말합니다.

"이들 신들이 저마다 어디서 생겨났으며, 그들이 언제나 존재했는지, 그들이 어떻게 생겼는지를 그리스인이 알게 된 것은 말하자면 엊그제의 일이다. 헤시오도스와 호메로스는 나보다 기껏해야 400년 전에 살았던 것으로 생각되며, 그리스인들을 위해 신들의 계보를 만들고, 신들에게 이름을 붙여 주고, 신들 사이에 직책과 활동 영역을 배분하고, 신들이 어떻게 생겼는지 우리에게 말해 준 것은 이들이기 때문이다."

호메로스는 기원전 770년경 이오니아 지방에서 태어났습니다. 그는 장님으로 알려져 있는데, 그럼에도 그리스의 많은 지역을 돌아다니며 전승되었던 신화들을 모았습니다. 그가 썼다고 여겨지는 《일리아드》와 《오디세이》는 트로이와 그리스 연합군 사이의 오랜 전쟁과 전쟁 후 고국으로 돌아오는 그리스 병사들의 이야기를 노래한 장편 서사시인데, 여기에 자신이 모은 여러 신화들을 새롭게 창조해서 담았습니다. 지금도 유럽에서는 성경과 함께 가장 많이 읽히는 책으로 꼽히고 있지요.

플라톤은 호메로스를 그리스인의 유일한 스승으로 여겼습니다. 물론 그리스인들에게 다른 스승이 없다는 뜻은 아닐 테지요. 그가 쓴 두 권의 서사시가 여러 도시국가로 나뉘어 있던 그리스인들에게 문화적 동질성을 부여했다는 의미일 것입니다. 호메로스의 시를 읽으며 그리스인은 자신들이 하나의 민족이라고 자각했습니다. 한편으로 그의 서사시는 그리스인들의 삶의 지혜, 문화, 법 등 모든 것들이 망라된 백과사전이기도 했습니다.

호메로스의 작품은 이전의 신화에서 벗어나는 경향이 처음으로 뚜렷하게 나타납니다. 그가 묘사한 신들은 인간의 삶에 연루될 때에만 등장합니다. 또한 이전의 신화들과는 달리 신들에게서 신비적인 요소가 엷어지고 자연적 질서와 법칙에 종속되는 존재로 드러납니다. 바다를 지배하는 신 포세이돈은 이렇게 말합니다.

호메로스의 대리석 흉상으로 로마 시대 때 만들어졌다. 현존하는 고대 그리스어로 쓰인 가장 오래된 서사시 《일리아드》와 《오디세이》의 작가로 맹인 시인이었다고 한다. 호머 Homer는 그의 영어식 이름이다. 영국박물관 소장

"우리는 크로노스와 레아의 삼형제요. 제우스와 나, 그리고 지하 세계를 지배하는 하데스, 우리는 세상을 삼분해서 각각 대권을 가지고 있소. 나는 영구히 바다를 차지하게 되었고 하데스는 침침한 어둠, 그리고 제우스는 넓은 하늘을 차지했소. 그러나 대지와 올림포스는 제신 공동의 것이오. 따라서 나는 제우스가 하라는 대로 따르지는 않겠소."

호메로스의 서사시가 서양의 문화 발전에 미친 영향은 엄청났습니다. 인간과 세계에 대한 호메로스의 관념은 아직 낮은 수준에 머물러 있었지만, 그의 작품들은 기록으로 남겨진 유럽 사상의 첫 단계를 잘 보여주고 있습니다.

그 다음 단계에 도달한 사람은 헤시오도스입니다. 그리스 중부에 위치한 테베에서 신전으로 유명한 델포이(델피)로 향하는 길을 따라가면 헬리콘 산맥 기슭에 작고 아름다운 마을이 나옵니다. 이곳이 헤시오도스가 태어난 아스크라입니다. 헤시오도스는 헬리콘 산맥 중턱에서 양떼를 치며 살았는데, 어느 날 그의 앞에 아홉 명의 뮤즈(시의 여신)가 나타나

"풍성하고 푸르른 월계수 나무의 멋진 가지를 선물하며 지팡이로 사용하라고 했고, 내게 신의 노래를 불어넣어 주면서 미래와 과거의 일들을 찬양하라."고 했다는 이야기가 전해지고 있습니다. 그는 이 자연의 한가운데서 《신통기》와 《노동과 나날》을 썼습니다.

헤시오도스와 호메로스는 비슷한 시기에 살았지만, 그중 헤시오도스는 비교적 합리적 사고의 소유자였습니다. 그의 두 교훈시는 재미를 위해서가 아니라 계몽을 목적으로 집필되었는데, 이런 성격의 작품을 쓴 것은 그가 처음이었습니다. 《신통기》에서 그는 신들을 열거하는 데 그치지 않고, 그들을 완전하고 질서 있는 체계 속에 편입시킵니다.

"처음에는 카오스가 있었고, 그 다음으로 널찍한 가슴팍을 가진 가이아(대지)가 생겨났다. 가이아는 모든 무한자들의 영원히 흔들리지 않는 발판이었다."

이렇게 시작되는 《신통기》는 이후에 등장하게 되는 철학의 근본 문제, 즉 세계의 시초와 전체 질서에 대한 힌트를 제시하고 있습니다. 헤시오도스는 세계의 시초를 노래하면서 발휘했던 합리적 정신으로 전체와 우주를 떠올립니다. 그가 노래한 다양한 신들은 경모의 대상이 되는 인격화된 신들이 아니라 우주 질서의 유기적인 한 부분입니다. 나아가 그는 이 세계를 총체적인 연관을 지닌, 질서 있고 조화로운 대상으로 그려 냅니다.

이러한 시도는 고대 그리스철학의 사유에 심대한 영향을 미치게 됩니다. 물론 세계의 시초와 질서에 대한 그의 이해가 신화적 세계에서 크게 벗어나지 못한 것은 사실입니다. 하지만 헤시오도스의 물음은 인류 정신사의 결정적인 전환점이 되었고, 그리스철학의 출발점이 되었습니다. 에반겔로스 루소스는 이렇게 말했습니다.

"그는 옛것을 변화시켰고 새것을 예언했다. 모든 진정한 시인들은 예언자이자 선구자이다. 헤시오도스는 소크라테스 이전 철학의 선구자였다."

지금까지 그리스의 자연환경, 도시국가의 토론 문화 그리고 신화와 서사시의 영향까지 고대 그리스에서 철학이 발생하게 된 여러 이유에 대해 살펴보았습니다. 그러면 이제, 철학의 발생지 밀레토스로 향하는 여행을 본격적으로 시작하겠습니다.

밀레토스학파,
철학의 씨를 뿌리다

밀레토스는 기원전 1000년경, 크레타 섬과 그리스 본토, 그리고 그리스 연합군에 함락된 트로이에서 이주해 온 사람들이 세운 도시입니다. 이 도시는 현재 터키 남서해안 지역에 위치해 있습니다. 그리스의 역사를 최초로 서술한 헤로도토스에 따르면, 당시 밀레토스로 몰려 온 침입자들은 여자들을 데리고 오지 않았기에 부모를 죽이고 강탈한 여자들을 아내로 삼았습니다. 그래서 밀레토스의 어머니들은 자식들에게 아버지를 자신들의 원수라고 가르쳤다고 합니다.

밀레토스는 바다에 접해 있으면서도 강을 통해 내륙으로 갈 수 있어 중계무역과 해운업이 발달했습니다. 번성할 때에는 흑해에서 이집트에 이르는 넓은 지역에 80개가 넘는 식민 도시를 건설할 정도였습니다. 당연히 밀레토스는 수많은 상인들이 드나드는 국제 무역도시가 되었습니다. 원래 무역도시는 경제적으로 부유할 뿐만 아니라 다양한 문화와 학문이 교류하게 되지요. 오늘날 런던이나 뉴욕처럼 밀레토스도 새로운 문화와 학문이 자유롭게 유통되었습니다.

밀레토스 사람들은 부가 쌓이면서 종교적인 신비주의보다는 세속적이고 합리적인 것에 끌리게 되었습니다. 그렇기에 건축술, 자연과학, 천문학 그리고 항해술에 대한 연구가 자연스럽게 발전했습니다. 이 지역의 높은 과학 수준은 당시의 건축물을 보더라도 알 수 있습니다. 세계 7대 불가사의 중 하나인 아르테미스 신전과 그 영향을 받아 지은 아폴론 신전의 건축물들이 그것을 증명해 주고 있습니다. 이 유적들은 모두 이오니아 지역에 속해 있습니다. 그런데, 밀레토스를 역사적으로 가장 중요한 도시 중 하나로 만든 것은 그들의 실용적인 학문이 아니라, 바로 이곳에서 철학이 탄생하게 되었다는 사실입니다.

밀레토스 부근에 위치한 디디마의 아폴론 신전. 기원전 560년경에 건축되었고 페르시아인들에 의해 파괴되었다가 기원전 3세기에 재건되었다. 120개에 달하는 원기둥 중 지금은 세 개만 남아 있다.

세계의 아르케란 무엇인가?

밀레토스 출신의 철학자로는 탈레스와 아낙시만드로스 그리고 아낙시메네스가 있습니다. 이들은 당시에 발전한 실용적 과학을 넘어 '세계의 근원(아르케)은 무엇인가?'라는 물음을 인류 최초로 던진 인물들이었습니다.

'세계의 아르케란 무엇인가?' 참 어려운 말입니다. 고대 철학이 과연 무엇을 추구했는지를 이해하려면 먼저 이 물음의 뜻부터 알아야 합니다. '아르케arche'라는 개념은 철학자마다 혹은 이야기하는 맥락에 따라 다양하게 사용되었습니다. 이 용어를 처음 사용한 이는 아낙시만드로스라고 전해지는데, 디오게네스는 사물을 아는 '원리', 데모크리토스는 '원인'이라는 뜻으로 사용했습니다. 그리고 아리스토텔레스는 이 두 가지 개념을 종합하여 철학은 '아르케(원리, 원인)의 학문'이라고 하였지요. 그 밖에도 아르케에는 원천, 시초, 출발점, 다양한 세계가 그것으로부터 생겨난 원천적인 상태, 원소 등등 다양한 뜻이 있으며, 국가권력이나 공직이라는 의미로 사용되기도 했습니다.

우리가 살고 있는 세계는 매우 복잡하고 다양한 모습을 가지고 있습니다. 자연현상도 마찬가지입니다. 그런데, 고대 그리스인들은 이처럼 다양하고 무질서해 보이는 세계 뒤에는 질서와 통일을 가능하게 하는 그 무엇이 있다고 생각했습니다. 그것은 다양한 세계에 존재하는 공통적인 요인으로서 단일성을 지닌 것이어야 합니다. 세계의 질서, 즉 '코스모스'를 가능하게 만드는 무언가가 존재해야 한다는 것이지요. 그리스인들은 그것을 '원소'라고 이해했습니다.

우리는 세상에 존재하는 원소들에 대해 잘 알고 있습니다. 우리가 살고 있는 세계는 크게 하늘, 땅 그리고 바다로 이루어졌습니다. 이 세 개의 영역은 각각 원소들의 지배를 받고 있습니다. 하늘 위에 떠 있는 태양이나 별들은 불로 이루어졌고, 하늘은 공기로 가득 차 있으며, 대지는 흙으로, 바다는 물로 이루어져 있지요. 그러면 이렇게 구분되는 4개의 원소들을 구성하는 단일한 원소는 무엇일까요? 그것이 바로 '아르케'에 대한 질문입니다. 그럼 밀레토스의 철학자들은 아르케를 무엇으로 이해했는지 하나하나 살펴보겠습니다.

철학의 아버지, 탈레스

기원전 585년 5월 28일, 이오니아 지역을 사이에 두고 메디아인과 리디아인이 전쟁을 하고 있을 때였습니다. 갑자기 하늘의 태양이 사라지고 온통 어둠으로 휩싸였습니다. 양쪽 병사들은 얼마나 놀랐는지 싸움을 멈추고 저절로 휴전을 하게 되었다고 합니다. 일식이 일어난 것입니다. 그런데 이날의 일식을 미리 예견한 사람이 있었습니다. 그가 바로 '철학의 아버지'라 불리는 탈레스(BC 624~BC 546)입니다. 오늘날에도 일식 예측은 여간 어려운 일이 아닐 텐데, 그가 어떻게 일식을 예측했는지는 여전히 수수께끼로 남아 있습니다. 아무튼 일식에 대한 예견으로 탈레스는 일약 유명인이 되었고, 자신이 이룬 삶과 업적으로 후대 사람들

밀레토스학파의 시조인 탈레스의 흉상. 그는 세계를 구성하는 자연적 물질의 근원을 최초로 밝혔는데, 그것을 '물水'이라고 보았다.

에게 '7현인'이라는 칭송을 듣게 되었습니다. 어떤 철학자는 탈레스가 일식을 예언한 기원전 585년 5월 28일을 인류가 철학을 시작한 날로 삼아야 한다고 주장하기도 합니다.

그리스인의 존경과 사랑을 한 몸에 받았던 탈레스는 기원전 7세기 후반, 페니키아인 부모 사이에 태어났습니다. 어려서부터 상인인 아버지를 따라 많은 여행을 하며 다양한 지식을 쌓았는데, 이집트와 바빌로니아 지방에서 천문학과 기하학, 수학 등 당시 최고의 학문을 배웠습니다. 그는 자신이 배운 선진 학문을 더욱 발전시켰습니다. 길이를 알고 있는 물건의 그림자와 피라미드의 그림자 길이의 비례(서로 닮은 직각삼각형의 비례)를 계산해 피라미드 높이를 재는 데 성공했고, 기하학의 원리를 이용해 바다에 떠 있는 배까지의 거리를 계산하기도 했습니다. 일 년을 360일로 나누었을 뿐 아니라 작은곰자리를 처음 발견해 항해에 이용하기도 했습니다.

탈레스는 과학 분야 외에 공동체 삶이나 처세에도 뛰어난 면모를 보여 주었습니다. 소크라테스가 아테네 청년들에게 '너 자신을 알라'고 가르친, 그 유명한 문구는 델포이의 아테나 신전 벽에 쓰여 있었는데, 이 문구를 최초로 언급한 사람은 탈레스라고 전해집니다. 여기에 덧붙여 그는 "자신을 아는 게 가장 힘들며, 남에게 충고하는 게 가장 쉬운 일"이라고도 말했습니다. "가장 올바르고 정의롭게 사는 길은 무엇인가?"라는 질문에는 "우리가 꾸짖는 다른 사람의 행위를 우리 스스로 하지 않으면 된다."고 대답합니다. 탈레스는 "몸이 건강하고, 자비로운 마음을 지니고 있으며, 성품이 잘 형성된 사람이 행복하다."는 말도 남겼는데, 이 말은 행복의 조건이 건강한 신체와 타인에 대한 배려심, 그리고 교양을 쌓는 데에 있다는 것이지요. 이 가르침은 오늘을 사는 우리에게도 절실한 충고로 와 닿습니다.

플라톤은 탈레스에 대해 다음과 같은 이야기를 전해 줍니다.

어느 날 탈레스는 늘 그랬던 것처럼 하늘을 올려다보고 별의 움직임을 관측하며 걷고 있었습니다. 그렇게 밤하늘만 쳐다보고 가던 탈레스가 한번은 웅덩이에 빠져 소리를 질렀습니다. 그 허둥대는 모습이 하도 우스워서 지나가던 트라키아의 하녀가 깔깔 웃으며 이렇게 말합니다.

"하늘만 쳐다보고 발밑에서 무슨 일이 벌어지는지는 관심이 없으니 웅덩이에 빠지지요."

플라톤이 이 일화를 통해 말하고자 한 것은, 탈레스를 웃기는 사람으로 보이기 위해서가 아닙니다. 철학자의 삶이 어떠해야 하는지를 보이기 위해서지요. 플라톤은 이렇게 덧붙입니다.

"그와 같은 조소는 철학을 하는 사람들 모두에게 적용된다. 철학자가 법정, 혹은 다른 곳에서 자기 발밑이나 눈앞에서 벌어지는 일을 이야기해야 할 때, 일상생활에 서툰 그의 행동은 트라키아의 하녀뿐만 아니라 여러 사람들에게도 비웃음을 살 것이다. 그는 경험 부족으로 웅덩이는 물론이고 헤어날 길 없는 온갖 어려움에 빠진다. 그의 서툰 행동은 놀랄 만하고 우둔하다는 인상을 불러일으키기에 충분하다. 그러나 철학자는 인간이 무엇인지, 인간이라는 존재가 다른 존재와 달리 무엇을 해야 하고 어떤 일을 겪어야 하는지를 탐구하고 그것을 알고자 노력한다."

아리스토텔레스가 전해 주는 또 다른 예도 있습니다. 탈레스는 세상 사람들이 자신을 조롱하는 것은 웃어넘겼지만 철학을 조롱하는 것은 참지 않고 그들에게 본때를 보여 주었습니다.

사람들은 탈레스가 현실에 무관심하게 된 것이 그가 추구하는 철학 때문이라며 놀렸는데, 탈레스는 더 이상 자신을 비웃지 못하도록 돈을 벌 결심을 하게 됩니다. 우선 그는 천문학적 지식을 이용해 그해 올리브의 수확이 좋을 것임을 예견하였습니다. 이어서 그 고장의 올리브 짜는 기계를 모두 임대했습니다. 수확 철이 아니었기에 매우 싼값에 올리브 기계를 독점한 것이지요. 탈레스의 예견대로 그해는 올리브가 풍년이었습니다. 그러자 사람들은 앞을 다투며 올리브 짜는 기계를 찾았지만, 그때는 이미 탈레스를 쳐다볼 수밖에 없는 상황이었지요. 하는 수 없이 사람들은 탈레스가 요구하는 가격에 기계를 임대해야 했고, 이로 인해 탈레스는 많은 돈을 벌었습니다. 어쩌면 탈레스는 역사상 처음으로 매점매석을 한 인물인지도 모르겠습니다. 하지만 그의 관심은 돈이 아니었습니다. 탈레스는 자신이 번 돈 모두를 신전에 바쳤습니다.

탈레스가 '최초의 철학자'라는 타이틀을 얻게 된 것은 그가 처음으로 세계의 근원(아르케)에 대한 물음에 합리적인 대답을 제시하려고 노력했기 때문입니다. 그는 "만물은 물로 이루어졌다."라고 주장했습니다.

이 세상이 물로 이루어졌다니! 오늘날 우리의 과학 지식으로 보자면 말도 안 되는 이야기이지요. 물론 그의 말을 철학적으로 이해해 보면 전혀 우스갯소리는 아닙니다. 아리스토텔레스는 《형이상학》이라는 책에서 세계의 근원에 대한 탈레스의 주장을 이렇게 소개합니다.

철학의 창시자인 탈레스는 그것(아르케)을 물이라고 말한다. (그러므로 그는 육지가 물 위에 떠 있다고 생각했다.) 그가 이러한 가정을 하게 된 것은 모든 사물들의 양분이 습기로 되어 있고, 따뜻함 자체도 습기 있는 것으로부터 생기며, 이것에 의해 존속되는 것을 알았기 때문인 것 같다. (그러나 모든 사물이 그로부터 존재하게 되는 것이 모든 사물의 원리다.) 그는 이 밖에도 모든 사물마다 씨의 본성이 습기를 가지고 있고, 물은 습기 있는 사물들의 본성적 원리라는 사실로부터 그러한 가정에 도달하게 되었을 것이다.

아리스토텔레스의 설명에도 불구하고 '만물의 근원은 물'이라는 탈레스의 학설이 잘 와 닿지 않을 것입니다. 설명을 부연해 보겠습니다. 이를 위해 먼저, 철학은 단순히 제멋대로 생각하는 것과는 달리 엄격한 규칙이 존재한다는 사실을 알아야 합니다. 다시 말해 탈레스의 주장은 그의 상상의 산물이 아니라는 것이지요. 상상의 산물은 어떤 논리적 근거를 통해 얻어지는 게 아니지만, 철학의 산물은 논리를 통해 증명이 가능한 그 무엇이어야 합니다. 탈레스는 당시 이집트와 중동 지역에서 발달한 과학 지식과 그리스인들의 우주관을 바탕으로 자신의 '물' 이론을 발전시켰습니다.

탈레스는, 모든 것은 변하지만 그 속에는 변하지 않는 그 무엇이 있을 거라는 전제를 출발점으로 삼았습니다. 그렇다면 변하지 않는 그 무엇은 도대체 뭘까요? 이러한 의문에 답하기 위해 그는 자연의 여러 개별적인 현상들을 관찰하였을 것이고, 물은 모든 변화 속에서도 변하지 않는 요소라는 답을 이끌어 냈던 것입니다.

탈레스는 신화적 세계관에서 물 학설에 관한 모티브를 찾았을 가능성이 높습니다. 그가 동방으로부터 광범위한 지식을 습득했다는 사실에서, 바빌론의 창조 신화 또한 알고 있었다는 가설이 설득력을 가집니다.

고대 그리스 7현인을 묘사한 《뉘른베르크 연대기》(1493)의 판화 그림. 플라톤의 《프로타고라스》에는 고대 그리스의 일곱 현인에 대한 이야기가 나오는데, 탈레스, 피타코스, 비아스, 솔론, 클레오브로스, 뮤손, 킬론 등으로 기원전 7~6세기 사람들이다.

바빌론의 창조 신화를 담고 있는 에리두(고대 수메르의 도시국가)의 시에는 '태초에는 오직 바다 외에 아무것도 없었다'는 이야기가 나옵니다. 그 후 마르두크 신이 갈대로 뗏목을 만들었고, 그는 다시 흙을 만들어 뗏목 위에 뿌렸다고 합니다. 탈레스는 그리스신화에도 영향을 받았습니다. 호메로스는 《일리아드》에서 세상은 마치 평평한 원형의 대지와 같으며, 그 둘레로 오케아노스 강물이 흐른다고 했습니다. 세상 아래로도 흐르는 오케아노스를 호메로스는 만물 생성의 근원으로 보았지요.

그러나 탈레스는 신화적 설명 방식을 분명히 넘어섰습니다. 모두가 납득할 만한 합리적인 설명을 제시하려 한 것입니다. 이러한 시도가 그에게 철학의 아버지라는 칭호를 주었을 테지요. 그렇다면 세계의 아르케에 대한 그의 철학적 설명 방식은 어땠을까요?

세계는 기체와 액체, 고체로 이루어졌는데, 이들 요소가 변화하는 성질을 가진 가운데 변화하지 않는 것은 오직 물이라는 것입니다. 물에 열을 가하면 기체로, 물이 얼면 고체로 변화하지만 그 속에는 물의 성질이 고스란히 남아 있기 때문입니다. 또 다른 근거로는, 모든 생명체는 물을 머금고 있다는 사실입니다. 가령 식물이 싹을 틔우기 위해서는 물을 필요로 하고, 인간의 생명도 물(정자와 난자)에서 시작되지요. 생명의 근원인 물이 자연 세계의 가장 근원적인 것으로 이해되는 것은 당시로서는 아주 자연스러웠을지도 모릅니다.

탈레스는 세계를 구성하는 자연의 근원을 밝힌 최초의 사람입니다. 현상을 단순화해 자연을 분석하고, 지적 탐구를 통해 세계를 이해하려고 한 그의 노력이 철학의 발생을 이끌어 낸 것이지요. 지금으로부터

2,600여 년전 만물이 물로 이루어졌다는 탈레스의 주장에 대해 그가 왜 그렇게 생각했고, 어떻게 그런 결론에 다다랐는지를 헤아릴 수 있다면 여러분도 철학자의 문턱을 막 넘어선 것입니다.

영원한 이인자, 아낙시만드로스

그것은 물도 아니고, 원소라고 불리는 것들 중에서 다른 어떤 것도 아니며, 무한정한 어떤 본연의 것(아페이론)이다. 그것에서 모든 하늘과 그것 안에 있는 세계들이 생겨났다. 그리고 그것으로부터 존재물들이 생성하고 그것에 따라 존재물들이 소멸하는데 그 과정은 필연적이다. 존재물들은 그들의 불의로 말미암아, 그에 대한 벌과 배상을 시간의 질서에 따라서 서로에게 지불해 소멸하기 때문이다.

이 주장은 도대체 어떤 의미일까요? 이런 수수께끼 같은 말을 해석하고자 수많은 철학자, 문헌학자 그리고 역사학자들은 아주 오랫동안 골머리를 앓았습니다. 그럼에도 여전히 정확한 의미를 해석하는 데 어려움이 있지요. 일단 앞의 표현을 요약하면 '만물의 시원(아르케)은 무한정한 어떤 것(아페이론)'라 할 수 있습니다.

이 말을 남긴 사람은 아낙시만드로스(기원전 610~기원전 546)입니다. 그는 탈레스의 후계자로 탈레스보다 20년 정도 늦게 밀레토스에서 태어났습니다. 어릴 때부터 많은 여행을 했고, 젊은 시절에 흑해 지방에 식

고대 그리스 시대에 만들어진 아낙시만드로스의 부조. 탈레스가 만물의 근원은 물이라고 한 것에 비해 아낙시만드로스는 더욱 근원적인 것을 추구했으며, 그것이 아페이론이라고 주장했다.

민지를 세우고는 아폴론 신에게 영광을 돌리고자 도시 이름을 '아폴로니아'라고 지었다고 알려져 있습니다. 식민지라고 해서 근현대 제국주의 열강의 식민지 확장을 떠올려서는 안 됩니다. 당시의 식민지는 소수의 사람들이 인적이 없는 강어귀에 가서 새로 일궈 낸 마을을 말합니다. 그러니 식민지보다는 개척지라는 표현이 더 어울릴 것입니다.

아낙시만드로스의 관심 분야는 매우 광범위했습니다. 그는 여행을 통해 얻은 지식을 바탕으로 세계지도를 만들었습니다. 이것이 최초의 세계지도입니다. 물론 지금의 관점에서는 너무나 엉성해 과연 이 지도로 항해를 떠날 수 있을까 하는 의구심도 듭니다. 그러나 당시에는 오직 신탁이나 날씨에 의존해 항해를 떠나거나, 별자리만 보고 목적지를 찾는 수준이었습니다. 그에 비하면 아낙시만드로스의 지도는 당시의 최고 학문이 반영된 것입니다. 지도에는 지역에 대한 정보와 조언, 그리고 참고 사항들이 꼼꼼하게 적혀 있었습니다. 마치 여행 가이드 책자를 연상케 합니다. 또한 그는 삼각자의 그림자가 해의 방향과 고도를 알려 주는 기구인 그로몬과 해시계를 발명하였고, 그것으로 하루의 시간과 1년을 측정하였습니다. 일식을 예측한 탈레스와는 달리, 아낙시만드로스는 여행 중 스파르타에 머무를 때 지진을 예측하여 수많은 스파르타인을 구했다고 전해집니다.

지금은 남아 있지 않지만 그는 《자연에 관하여》라는 최초의 철학책을 썼습니다. 게다가 진화론을 최초로 주장한 사람이기도 합니다. 인간은 비늘에 덮인 채 진흙처럼 축축한 물질 위에서 태어났는데, 태초에는 기후 조건이 살아가기에 부적당해 유년기의 전 기간을 물고기와 비슷한 생물의 입 속에서 보내야 합니다. 잠복기가 지난 뒤 물고기 입에서 밖으로 나오는데 그제야 비로소 비늘을 벗어 버리고 독립된 생활을 할 수 있었습니다. 이것이 후대 역사가들이 전하는 아낙시만드로스의 진화론입니다. 물고기에서 진화해 인간이 됐다는 그의 가정은 다윈의 진화론과 유사해 흥미롭습니다.

아낙시만드로스에 대해서는 탈레스처럼 재미있는 이야기가 전해지

아낙시만드로스가 구상한 최초의 세계지도. 현재는 전해지지 않고 후대의 기록에 따라 재현한 것인데, 에게 해가 지도의 중심으로 세 대륙에 둘러싸여 있으며 나일강은 남쪽의 바다로 흐른다.

는 게 별로 없습니다. 그는 타고난 음치였다고 합니다. 그러면서도 노래 부르는 걸 즐겼지요. 그런 그가 어느 날 합창단에 끼어 노래를 부르는데, 음정과 박자를 다 무시한 채 노래하는 그의 모습을 보며 아이들이 놀려대기 시작했습니다. 그때 우리 철학자는 열심히 노래하는 사람들에게 한마디합니다. "여보게! 제발 박자 좀 맞춰서 노래하세나. 그렇지 않으면 저 꼬마 녀석들이 계속 놀려댈 게 아닌가?"

그러면 '만물의 시원은 아페이론'이란 주장은 어떤 의미일까요?

철학자 아낙시만드로스가 말하고자 한 것은 이렇습니다. 우주에 존재하는 모든 생명의 근원은 탈레스가 생각했듯이 물이 아니라 분명하게 무엇이라고 규정할 수 없는 것입니다. 그는 그것을 '아페이론apeiron' 이라고 불렀습니다. 아페이론은 무한한 것(무한정자), 꽉 차 있는 것 또는 한계가 없는 것이란 뜻으로 그가 만든 말입니다. 이것은 감각을 통해 알 수 있는 실제의 것이 아니라 오로지 추상적 사고를 통해 얻을 수 있는 개념입니다. 마치 만유인력의 법칙처럼 눈에는 보이지 않지만 실제로 모든 사물에 적용되는 원리처럼 말입니다.

그는 모든 것이 아페이론에서 생겨나고 또 이것으로 돌아가 소멸한다고 보았습니다. 자신의 스승과는 달리 물, 불, 공기, 흙의 네 가지 원소 중에 어느 하나가 우주의 근원 원소는 될 수 없다고 생각했지요. 왜냐하면 하나의 원소가 다른 것들에 비해 우월하다면 다른 원소들은 어쩔 수 없이 그 원소의 지배를 받게 될 테니까요. 다시 말해 물, 불, 공기, 흙은 모두 한계를 지닌 원소입니다. 따라서 이 원소들을 지배하는, 눈에 보이지 않는 초월적인 원소가 있을 것이라고 생각했습니다.

이러한 원소들 중 하나가 다른 원소에 대해 불의를 범했을 때, 즉 다른 원소의 영역을 침범했을 때 아페이론이 영역을 침범한 원소를 원래의 자연적 경계 안으로 쫓아 버립니다. 더위는 추위를 억누르려고 하고, 건조함은 수분을, 수분은 건조함의 영역을 침범하려고 하지만, 아페이론이 필연적으로 그것들을 제압해 균형을 유지하게 한다는 것이지요.

아낙시만드로스는 아페이론을 출발점으로 삼아 독창적인 우주론을 발전시킵니다. 고대 그리스의 전기 작가이자 철학자인 플루타르코스가 전하는 설명은 이렇습니다.

"그는 이렇게 말했다. 영원으로부터 뜨거움과 차가움이 분리되었는데 공 모양의 불이 나무껍질처럼 지구를 감싸고 있는 공기 바깥에 퍼졌다. 그 뒤 이 공 모양의 불이 떨어져 나와 몇 개의 원으로 분리되어 태양과 달과 별이 되었다."

이 말을 좀 더 쉽게 설명하면 이렇습니다. 태초에는 무한한 것인 아페이론만이 존재했는데, 이어서 뜨거움과 차가움이 분리되었습니다. 뜨거움은 우주의 바깥쪽에 차가움은 중심에 자리를 잡았고, 뜨거움은 건조함을, 차가움은 습함을 낳았다는 것입니다. 이 두 힘이 별과 태양, 달, 지구를 만들어 낸 원인이 됩니다. 이렇게 생겨난 건조함과 습함은 끊임없이 싸움을 합니다. 여름에는 건조함이 우세하여 바다를 잡아먹고, 겨울에는 습함이 잃었던 힘을 회복해 구름을 모아 비와 눈의 형태로 수분을 쏟아냅니다. 이때 아페이론은 높은 곳에서 둘 중 어느 하나가 절대적인 우세를 거두지 않도록 감시하지요.

여기에 더해, 아낙시만드로스는 지구가 높이보다는 지름이 엄청나게

긴 둥근 기둥처럼 생겼고, 원형의 모양을 한 우주의 중심에 떠 있다고 생각했습니다. 공간 안에 놓인 지구가 떨어지지 않는 것은, 우주의 정중앙에 있어서 어떤 한 방향을 선택할 이유가 없기 때문이라고 설명합니다. 그는 별들과 달, 태양이 고정된 지구 주위를 돌면서 그리는 원형 궤도도 계산했는데, 각각은 지구의 둘레보다 9배, 18배 그리고 태양은 27배 더 크다고 했습니다.

우주 공간 안에 떠 있는 지구라는 관념은 당시로서는 너무나 혁명적이어서 그의 뒤를 잇는 사상가들은 모두 이것을 부정했습니다. 영국 철학자 칼 포퍼는 아낙시만드로스의 이 생각을 "인간 사상의 전 역사를 통틀어 가장 대담하고 가장 혁명적이며 가장 인상적인 관념 가운데 하나"라고 평하고 있습니다. 탈레스가 날카로운 관찰력으로 신화의 세계에서 벗어난 우주의 싹을 틔웠다면, 아낙시만드로스는 탁월한 정신과 천부적인 직관력, 그리고 대담한 비판적 사고력을 발휘하여 서양 최초로 일관되고 포괄적인 철학 사상을 만들어 냈습니다.

아낙시만드로스는 58회 올림픽 대회 기간의 두 번째 해, 즉 기원전 547년을 조금 지나 죽었다고 합니다. 그가 죽은 해는 스승 탈레스가 죽은 해와 같습니다. 탈레스에 가려져 그의 존재는 늘 2인자였지요. 플라톤이나 아리스토텔레스 같은 위대한 철학자들도 탈레스는 언급을 해도 아낙시만드로스에 대해서는 전혀 언급하지 않았습니다. 그러나 분명한 것은, 그가 스승보다 한 걸음 더 나아가 우주와 세계를 일관되게 설명했던 최초의 인물이라는 사실입니다.

밀레토스의 마지막 철학자, 아낙시메네스

아낙시메네스(BC 585년경~BC 525)는 아낙시만드로스의 제자로 밀레토스학파의 마지막 철학자입니다. 그는 페르시아가 소아시아의 패권 국가로 성장하던 시기에 활동하였습니다. 페르시아는 이오니아 지역에 건설된 그리스 도시국가에서 많은 세금을 거두어들였습니다. 그래서 밀레토스를 비롯한 다른 도시국가 사람들은 불안감과 함께 페르시아에 대한 저항감이 깊어지고 있었지요.

아낙시메네스는, 사모스 섬의 폭정을 견디지 못하고 남부 이탈리아 크로톤으로 이주한 피타고라스에게 당시 자신의 처지를 하소연하는 편지를 보냅니다.

"이탈리아로 이주한 자네 처지가 얼마나 행복한지 모르겠네. 그곳 크로톤 사람들은 자네를 아끼고, 시칠리아에서도 자네 말을 들으러 간다고 하니 말일세. 이곳은 페르시아 왕 때문에 매우 위태로운 형편이네. 죽음이 기다릴지 노예 생활이 기다릴지 몰라 전전긍긍하는 형편이니 내가 어찌 조용히 하늘을 관찰할 수 있겠나?"

그럼에도 그는 하늘을 관찰하는 일을 게을리 하지 않았습니다.

아낙시메네스의 이론은 스승인 아낙시만드로스보다는 탈레스에 더 가까웠습니다. 아낙시만드로스가 주장하는 아페이론은 너무나 추상적이기 때문에 설득력이 부족하다고 생각했을 것입니다. 그는 탈레스의 '물'처럼 4원소 중에서 만물의 시원을 찾았습니다. 그리고 그것을 '공기'라고 보았지요. 공기는 탈레스의 물처럼 자연 속에 있는 것이긴 하지만,

아낙시메네스의 모습. 그는 공기를 우주의 근본
적인 원소이자 신적인 것으로 보았는데, 공기가
인간 존재를 지지하듯이 우주 또한 지탱하고 있
다고 믿었다.

동시에 아페이론처럼 눈에 보이지 않는 특성을 지녔기 때문입니다.

그가 생각한 공기는 일반적으로 우리가 떠올리는 공기와는 많이 다릅
니다. 우리는 자연만물을 물질의 차원으로 이해합니다. 그러나 그는 "공
기가 신이며, 그것은 생겨나고 측량할 수 없으며, 무한하고 언제나 운동
중에 있다."고 말합니다. 공기는 신적인 것으로, 우리에게 생명을 불어
넣어 주며, 영혼인 것이지요. 이런 공기가 응축과 희박의 운동을 하면서
사물을 만들어 냅니다.

"공기는 움직이지 않을 때는 보이지 않지만 움직이고 응축하면 맨 처
음 바람이 되고, 그다음에는 구름이, 그리고 다시 물이 된다. 마지막으
로 물이 응축하면 진흙과 돌이 된다. 공기는 희박해지면 불이 되는데,
이와 같은 과정을 거쳐 모든 요소들이 완성된다."

이처럼 응축하거나 희박해지는 과정을 통해 근원적인 공기로부터 모
든 것이 생성된다는 뜻입니다. 아낙시메네스는 자신의 주장을 증명하기
위해 스승들과는 다른 방법을 사용합니다. 바로 실험을 통한 증명이지

요. 아마도 그는 자신의 주장을 실험을 통해 증명하고자 했던 최초의 철학자일 것입니다.

"두 손을 모으고 입술을 오므린 채 숨을 들이마셔 보고, 그다음에는 입을 크게 벌리고 입김을 불어 보게. 숨을 마실 땐 공기가 응축되어 차가워지지만, 숨을 내쉴 땐 공기가 희박해지면서 뜨거워진다네."

나아가서 그는 자신의 공기 이론을 통해 우주에 대한 설명을 시도했습니다. 그에 따르면 지구는 평평하게 생겼고 다른 천체도 마찬가지입니다. 천체들은 밤과 낮의 흐름에 따라 우리의 위아래로 회전하는 것이 아니라, 마치 둥근 모자챙이 머리 둘레를 빙 두르듯이 지평선을 따라 우리 주위를 회전합니다. 밤과 낮이 생기는 이유는 평평한 지구가 기울어져 태양이 지평선 너머에 있는 산들에 가려지기 때문으로 보았지요.

탈레스부터 아낙시만드로스, 아낙시메네스에 이르기까지 이들 밀레토스학파의 세 철학자는 우주와 세계의 근원을 물이나 아페이론 혹은 공기라고 이해했습니다. 그들이 설명한 세계의 근원은 현재 우리의 관점으로 보자면 황당하기도 하고 유치하기도 하지요. 그러나 세계의 근원에 대한 물음과 그에 대해 합리적인 설명을 제시하고자 했던 이들의

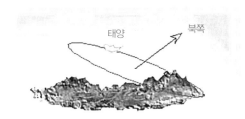

아낙시메네스가 생각한 천체. 그는 지구가 공기 중에 평평한 모습으로 떠 있으며, 태양을 비롯한 천체가 지구의 아래위가 아니라 그 둘레를 회전하고 있다고 믿었다. 또한 태양이 지는 것은 높은 산에 가려 보이는 않는 것으로 설명한다.

시도는 이후 서양 학문을 탄생시키는 중요한 계기가 되었습니다.

아낙시메네스가 죽은 후 밀레토스학파는 더 이상 지속되지 못합니다. 밀레토스가 페르시아라는 강대국에 의해 초토화되었기 때문입니다. 헤로도토스는《역사》에서 당시의 비참함을 이렇게 전합니다.

"밀레토스 남자들 대부분은 머리를 길게 기른 페르시아 사람들에게 죽임을 당했고, 여자들과 아이들은 끌려가 노예가 됐다. 아테네 사람들은 밀레토스의 함락 소식에 얼마나 슬퍼했던지, 이를 소재로 쓴 프리니코스의 비극 〈밀레토스의 함락〉이 공연됐을 때 온 극장은 눈물바다를 이루었다. 그러나 프리니코스에게는 동포의 불행을 다시 떠올리게 했다는 죄명으로 벌금이 부과되었다."

그런데, 이 같은 결과가 철학사에 있어서 꼭 나쁜 것만은 아니었습니다. 민들레 홀씨처럼 밀레토스학파의 철학은 페르시아의 바람에 밀려 그리스 전역으로 퍼져 나갔기 때문입니다. 이렇게 퍼진 철학의 씨앗은 맨 먼저 이탈리아 남부에 있는 크로톤에서 피타고라스에 의해 다시 피어나게 됩니다.

피타고라스,
수가 너희를 구원하리라

"임의의 직각삼각형에서 빗변을 한 변으로 하는 정사각형의 넓이는 다른 두 변을 각각 한 변으로 하는 정사각형의 넓이의 합과 같다."

우리가 잘 알고 있는 '피타고라스의 정리'입니다. 우리에게 피타고라스는 이처럼 철학자의 면모보다는 수학자로 더 잘 알려져 있는데, 서양철학의 역사에서 피타고라스는 뜨거운 감자와 같은 사람이었습니다. 철학자로서, 수학자로서, 종교적 지도자로서, 정치가로서 그의 삶은 다양한 전설을 만들어 냈습니다. 때로는 신격화된 모습으로, 때로는 냉철한 이론가의 모습으로, 때로는 비난과 조롱의 대상이 되기도 했지요. 그러나 분명한 것은 서양철학이 오늘날의 모습을 갖추게 된 것은 그로부터라는 사실입니다.

헝가리 출신의 철학자이자 저널리스트인 아서 케스틀러는 피타고라스가 서양 철학사에 등장하는 것에 대해 이렇게 말합니다.

"기원전 6세기는 악기를 조율해 청중들에게 기대감을 불러일으키는 오케스트라와 같다. 연주자들은 제각기 자신의 악기에만 몰두하며 주변의 소음에는 신경을 쓰지 않는다. 이윽고 긴장감 넘치는 정적이 흐른다. 지휘자가 무대에 등장해 지휘봉으로 세 번 지휘대를 친다. 혼돈으로부터 조화로운 음향이 솟아오른다. 지휘자는 사모스의 피타고라스다."

피타고라스가 여행 중에 플리우스의 참주(그리스 시대의 독재 군주) 레온테스를 만났을 때의 일입니다. 레온테스는 피타고라스에게 누군지 물었습니다. 그러자 그는 자신을 '필로소포스(철학자)'라고 소개합니다. 철학이라는 말이 최초로 사용되는 순간입니다.

우리가 사용하는 '철학'이란 용어는 고대 그리스어 필로스philos와 소피아sophia가 합쳐져 만들어진 말입니다. '필로스'는 무언가를 사랑하는 것, 추구하는 것을 뜻하고 '소피아'는 지혜라는 뜻입니다. 따라서 '필로소피'는 지혜를 추구하는 것을, '필로소포스'는 지혜를 추구하는 자를 의미합니다. 19세기 말 서구의 철학을 동양에 소개했던 일본의 니시 아마테라는 사람이 philosophy를 '철학'이라고 처음 번역했습니다(철학에서 한자 철哲은 '슬기롭다. 지혜롭다'는 뜻). 앞에서 탈레스가 7현인 중 한 명이었다고 했지요. 그리스인들은 지식이 뛰어나거나 정치 지도자, 혹은 다른 사람에게 훌륭한 조언이나 충고를 할 수 있는 사람을 현인, 즉 '소포스'라고 불렀습니다. 지혜가 있는 사람이란 뜻이지요. 그러나 피타고라스는 지혜가 있는 사람이 아니라, 지혜를 사랑하는 사람으로 자신을 낮춘 것입니다.

로마 카피톨리누스 박물관에 있는 피타고라스 흉상. 그는 만물의 근원을 '수'로 보았으며, 이후 플라톤, 유클리드를 거쳐 근대에까지 큰 영향을 미쳤다.

피타고라스의 언급은 짧은 순간에 이루어진 일이지만 이후의 철학을 규정하게 됩니다. 이후 철학은 배움과 깨달음을 두려워하지 않고 사랑하는 것으로, 모든 학문의 출발점이자 지식과 지혜를 사랑하는 삶의 태도로 자리 잡습니다. 피타고라스는 그 같은 철학자의 삶을 가장 충실하게 살아간 모범이었습니다.

20년간의 지식 여행을 떠나다

피타고라스는 보석공 므네사르코스의 아들로 기원전 582년경 에게해의 사모스 섬에서 태어났습니다. 이 섬은 소아시아 연안 가까이에 있는데, 밀레토스에서 불과 몇 킬로미터 거리입니다. 헤로도토스가 "최초의 도시들 중 하나"라고 부른 섬이기도 하지요(15쪽 지도 참고).

그는 밀레토스의 세 철학자와 모두 교분을 가지고 있었는데, 학문에 대한 열정으로 이집트와 바빌로니아, 심지어 인도까지 여행을 했다고 전해집니다. 청년 피타고라스는 이집트로 여행을 떠날 때 아버지의 상점에서 은잔 세 개를 훔쳐 이집트 신전의 사제들에게 바쳤습니다. 그렇게 해서 사제들에게 은밀히 전해져 내려오는 수학과 신들에 관한 비의를 전수받았다고 합니다. 그 당시 사제들에게도 뇌물이 통했나 봅니다.

이집트 유학을 마친 피타고라스는 더 넓은 세계로 여행을 하면서 견문을 넓혔습니다. 분명한 사실로 확인된 것은 아니지만, 천문학을 공부하기 위해 칼데아인의 제자가 되었고, 논리학과 기하학을 배우기 위해 페니키아인의 제자가 되었으며, 페르시아 사제인 '마기'들로부터 신비의 식을 배우기도 했습니다. 그런데, 그에게 종교적으로 중요한 영감을 준 사람은 차라투스트라(영어식 이름은 조로아스터)였습니다. 그는 페르시아 여행 중 차라투스트라를 만났다고 합니다. 차라투스트라는 그에게, 모든 것은 선과 악의 세력이 서로 부딪쳐 생겨난다는 가르침을 주었습니다. 예를 들어 빛은 선, 어둠은 악, 남자는 선, 여자는 악의 진영에 속한다는 것이었지요.

피타고라스는 이집트를 시작으로 20년간의 여행을 마친 후 고향인 사모스로 돌아왔습니다. 그러고는 '반원'이란 뜻을 가진 학교 헤미키클레온을 세우고는 자신이 배워 온 다양한 사상들, 특히 영혼 윤회설을 설파했습니다. 그러나 사모스 사람들은 피타고라스의 사상을 이해하지 못했습니다. 게다가 사모스 섬의 통치자였던 폴리크라테스는 방탕하게 생활하며 시민들을 폭정으로 다스렸습니다. 결국 피타고라스는 이런 상황에서 벗어나기 위해 고향을 떠납니다. 그는 델포이를 거쳐 남부 이탈리아의 크로톤에 정착하게 됩니다.

이탈리아의 나라 모양이 사람의 발이라고 하면 크로톤은 세 번째 발가락 정도에 위치한 곳입니다. 그곳 사람들은 얼마 전 전쟁에서 패한 후 도덕적으로 타락해 있었습니다. 그들은 공공의 사안에 대해 무관심했고, 쾌락과 나약함에 젖어 있었습니다. 피타고라스는 이곳 시민들에게 덕성을 설교함으로써 그들의 삶을 검소하게 돌려놓았다고 합니다. 그런 와중에 추종자들도 많이 생겨나게 되었지요. 피타고라스는 자신을 따르는 추종자들을 모아 종교적, 철학적 공동체인 피타고라스 교단을 만들었습니다.

피타고라스의 고향인 사모스 섬 항구에 세워져 있는 직각삼각형 조형물. 삼각자를 손에 든 피타고라스가 하늘을 보며 수의 진리를 추구하는 모습을 형상화했다. ⓒ Njaker

영혼은 윤회를 거듭한다

피타고라스가 세운 공동체는 단순히 학문을 통해 결속을 다지는 '학파'와는 성격이 다릅니다. 그보다는 오히려 종교적 색채가 짙은 사교 집단을 더 닮았지요. 물론 공동체 내에서는 수론數論과 기하학, 천문학, 음악 등을 가르치는 학문적 탐구도 이루어졌습니다.

교단에 가입하기 위해서는 아주 엄격한 시험을 통과해야만 했습니다. 5년 동안 묵언수행을 하며, 어둠 속에서 존경하는 스승의 얼굴도 보지 못한 채 그의 설교를 들어야 했지요. 다만 이 시험에 통과하면 남녀, 빈부의 차별 없이 교단 가입이 허락되었습니다. 이후에는 자신의 소유물을 모두 교단에 바쳐 공동생활을 했고, 스승의 얼굴을 볼 수 있는 특권도 생겼습니다.

피타고라스 교단은 이전에는 볼 수 없었던 새로운 생활 방식을 요구했습니다. 그들은 육식을 하지 않았고, 엄격한 금기 사항을 정해 놓았습니다. 이러한 규칙들은 종교적 믿음을 바탕으로 형성된 것으로, 영혼 윤회를 주장한 오르페우스교(고대 그리스의 밀교로 영혼의 불사를 믿었다.)의 전통에 기반하고 있습니다. 오늘날에 전해지는 금기 사항의 목록을 보면 다음과 같습니다.

"저울을 넘어가지 마라. 빵을 나누지 마라. 쇠붙이로 불을 휘젓지 마라. 동물의 심장을 먹지 마라. 흰 수탉을 만지지 마라. 불빛 옆에서 거울을 보지 마라. 콩을 먹지 마라."

종교 집단의 측면이 있는 만큼 이들 규율을 꼬치꼬치 따질 필요까지는 없어 보입니다. 어떤 규율은 단순히 소속감을 불러일으키자는 것 말고는 별다른 뜻이 없을 수도 있을 테니까요. 비유적으로 표현한 이 규율을 군이 해석하자면, '저울을 넘어가지 마라'는 '탐욕을 부리지 마라'로, '빵을 나누지 마라'는 '우정을 깨뜨리지 마라' 정도로 이해할 수 있을 것 같습니다. 그런데, 잘 이해가 되지 않는 규율이 있습니다. 바로 '콩을 먹지 마라'입니다. 왜 피타고라스는 몸에도 좋은 콩을 금했을까요? 아리스토텔레스의 설명에 의하면 콩이 남성의 성기(고환)와 비슷하게 생겼기 때문이라고도 하고, 혹자는 피타고라스에게 콩 알레르기가 있었다고도 합니다. 아무튼 스승 앞에서는 누구도 콩이란 말을 꺼내지 못했다고 하지요.

피타고라스가 주장한 영혼 윤회설은 고대 그리스인들에게 무척이나 낯설었습니다. 호메로스는, 인간이 죽고 나면 영혼은 단순히 그림자로 남는다고 했습니다. 덧없는 육체와 함께 사라지는 것에 불과하지요. 반면에 영혼이 윤회한다는 것은 영혼이 불멸한다는 것을 전제로 합니다. 피타고라스에 따르면, 인간은 변화와 발전, 소멸하는 물질적인 육체와 영원히 운동을 하는 비물질적인 영혼으로 구성되어 있습니다. 영혼은 불멸합니다. 왜냐하면 영혼이 파생되어 나온 원천, 즉 신적 존재는 불멸하기 때문이지요. 이로써 그리스 철학사상 최초로 영혼은 덧없는 육체에 대립하는 것으로, '육체는 영혼의 일시적인 감옥'으로 간주됩니다. 이러한 사상은 뒤에 다시 살펴보겠지만 플라톤에게 지대한 영향을 미칩니다.

불멸하는 영혼은 하나의 생이 끝날 때마다 다른 육체로 옮겨 다닙니다. 피타고라스의 윤회 사상이 그 자체로 새롭지는 않습니다. 주목할 만한 것은, 그가 이 학설에 윤리적 차원을 도입한 것이지요. 이 생에서 내가 어떻게 살았느냐에 따라 다음 생에서는 인간, 동물 혹은 식물로 태어날 수도 있고, 인간 중에서도 정치인으로, 상인으로, 아니면 농부로도 태어날 수 있습니다. 물론 피타고라스의 이러한 생각은 불교 사상에 익숙한 우리에게 아주 낯설지는 않습니다.

아무튼 그의 학설이 사람들의 삶을 도덕적으로 이끌었음은 분명합니다. 전하는 바에 따르면, 피타고라스는 과거에 여러 인간의 몸으로 혹은 동물이나 식물로 살았던 것을 기억해 냈다고 합니다. 어느 생에서는 명부(저승)에 내려간 적도 있었는데, 신들을 너무나 가볍게 다뤘다는 죄목으로 나무에 매달려 있는 호메로스와 쇠사슬에 묶여 있는 헤시오도스를 만났다고도 합니다. 믿거나 말거나입니다.

수학이 영혼을 정화할 것이라는 믿음

피타고라스는 수학과 숫자 연구에 많은 노력을 기울였습니다. 그는 '피타고라스 정리'를 발견하고는 너무 기쁜 나머지 황소 100마리를 신전에 바쳤다고 합니다. 살생과 육식을 금했던 그가 황소를 바쳤다는 이야기는 사실이 아닐 겁니다. 또한 그가 발견했다고 하는 정리는 이미 바빌로니아나 이집트에서 직각을 구하는 데 널리 사용된 것으로 알려져 있습니다. 아마도 그가 발견한 것은 직각을 구할 수 있다는 사실이 아니라, 오직 수학적 사고를 통해 문제를 풀었다는 사실일 것입니다.

우리는 학교에서 오랜 시간 동안 수학을 배웁니다. 그러나 정작 왜 수학을 배우는지에 대해서는 모르는 경우가 많습니다. 상당수 학생들은 오로지 시험을 잘 보기 위해 문제를 풉니다. 이후의 삶도 수학과는 별 상관없이 살아가게 되지요. 만약 피타고라스가 이 사실을 안다면 통탄할 것입니다. 그가 수학을 추구한 것은 그의 종교적, 철학적 신념에서 비롯되었기 때문입니다.

피타고라스는 만물의 시원, 즉 아르케를 '수'라고 보았습니다. 만물의 원리는 수에 있다는 것이지요. 또한 그는 우주적 질서를 수적인 조화의 원리로 설명하는데, 그것이 바로 '테트락티스tetraktys'입니다. 이 용어는 네 가지 수들로 구성되어 가장 완전한 합을 보이는, 이를 테면 10과 같은 어떤 수입니다. 1, 2, 3, 4의 합은 10이 되니까, 이 수는 첫 번째 테트락티스가 되며, 이것을 "언제나 흐르는 자연의 원천"으로 설명합니다. 그는 테트락티스, 즉 숫자 10을 신성한 완전수로 여겼습니다. 왜냐하면 숫자 10은 만물의 근원을 뜻하는 1, 2, 3, 4가 만드는 합으로, 우리가 지각할 수 있는 모든 차원을 의미하기 때문입니다. 1은 점, 2는 직선, 3은 면, 4는 공간을 뜻하며, 공간에서 감각이 되는 물체, 즉 불, 물, 흙, 공기가 생겨난다고 믿었습니다.

피타고라스에 따르면, 우주는 한 치의 오차도 없이 아름다운 수적인 질서와 조화로 이루어졌습니다. 우주가 코스모스로 불리게 된 것도 그에 의해서이지요. 이전의 그리스 철학자들이 물, 불, 흙, 공기 같은 물질에서 세계의 근원에 대해 탐구했다면 피타고라스는 수의 원리를 통해

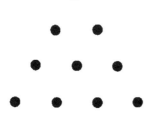

삼각형은 가장 안정적인 기하학적 형태로, 피타고라스학파는 1에서 4까지의 자연수와 그 합계인 10을 도형화한 테트락티스를 신성시했다.

세계를 설명하였습니다.

피타고라스는 인간의 영혼을 대우주와 똑같은 구조를 가진 소우주로 여겼습니다. 대우주가 수적인 질서와 조화로 이루어졌다면, 소우주인 인간의 영혼도 대우주적 질서를 닮아서 애초에는 수적인 질서와 조화로 이루어졌을 테지요. 그런데 우리의 영혼은 육체라는 감옥에 갇혀 육체의 감각적 욕구에 휘둘리게 됩니다. 부와 명예, 물질적 욕망 등이 그것입니다. 이런 것들이 매 순간 우리의 영혼을 혼탁하게 합니다. 쉬운 예로, 친구가 나보다 더 좋은 스마트폰을 가지고 있으면 그 순간부터 심사가 복잡해집니다. 새로운 스마트폰을 가지더라도 흡족한 마음은 잠깐입니다. 이내 더 좋은 폰으로 마음이 갑니다. 이러한 지속적인 욕망 때문

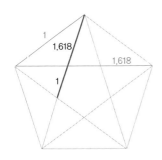

피타고라스학파는 정오각형 별을 가슴에 달고 디녔는데, 정오각형 내의 대각선들이 아름답게 분할되어 있다는 사실을 알았다. 이를 황금비golden ratio라고 하며 그 비율은 약 1.618:1이다. 가로와 세로가 황금비인 직사각형은 고대 그리스 이래로 가장 아름답고 조화를 이룬 모양이라고 여겨진다.

에 영혼이 시달리고 혼탁해져 본래 가지고 있던 질서와 조화를 잃어버리게 되는 것이지요.

불멸하는 영혼은 윤회의 과정을 통해 이 육체에서 저 육체로 떠돌게 됩니다. 그러면 이처럼 고달픈 윤회에서 벗어나려면 어떻게 해야 할까요? 피타고라스는 수학을 통해 우리 영혼이 '카타르시스(정화)'를 받아야 한다고 말합니다. 불교에서 말하는 깨달음을 통한 해탈과 매우 유사한 주장입니다. 수학이라는 학문은 매우 순수합니다. 수학은 오로지 순수한 정신적 활동을 통해서 수적인 질서와 조화를 추구하게 되지요. 매우 어려운 수학 문제에 매달릴 때 다른 어떤 욕망이나 상념도 생기지 않고 그 문제 하나에만 집중해 본 경험이 다들 있을 것입니다. 그리고 마침내 문제가 풀리면 그때의 희열감이란 정말 크지요. 피타고라스는 이러한 정신 활동이 우리가 잃어버린 영혼의 순수함, 즉 질서와 조화를 되찾게 해준다고 생각했습니다.

음의 조화 속에서 수의 질서를 찾고 있는 피타고라스를 묘사한 중세 이탈리아의 판화. 그는 음정이 수의 비례를 이루는 현상을 발견하고는, 음악을 수학의 한 분과로 보았다.

피타고라스 교단은 크로톤에서 정치적으로도 큰 힘을 얻습니다. 날로 커지는 교단에 대해 크로톤 귀족들은 불만과 위협을 느꼈지요. 그러던 중 킬론이라는 귀족 출신의 청년이 교단에 들어가기 위한 시험에서 떨어지자, 앙심을 품고는 다른 불만 세력들을 모아 피타고라스가 강의하고 있던 밀론의 집에 불을 지르고 제자들을 죽였습니다. 피타고라스는 간신히 빠져나와 도망쳤지만, 하필이면 도망친 곳이 드넓게 펼쳐진 콩밭이었습니다. 콩 혐오자였던 그는 콩밭으로 도망가기보다는 차라리 남기를 선택했고, 그 자리에서 죽임을 당했다고 전해집니다.

피타고라스의 사후, 그에 대한 평가는 매우 상반됩니다. 엠페도클레스는 그에게 무한한 경외감을 가졌습니다. 그는 피타고라스를 "탁월한 지식을 갖추고 있었고, 지극히 방대한 사상을 섭렵했으며, 온갖 지혜로운 작품들에 대해 가장 정확하게 알고 있었던" 사람으로 묘사합니다. 반면에 헤라클레이토스는 "사기꾼의 원조이며, 온갖 사람들로부터 입수한 다양한 정보와 여기저기의 책에서 조합해 낸 것들을 자신이 발견한 진리인 양 떠벌린, 현학적이며 기만적인 인물"로 경멸합니다.

피타고라스에 대한 평가가 어떻든 그가 이룩한 업적은 이후의 서양철학 전반에 지대한 영향을 미치게 됩니다. 영국의 철학자 버트런드 러셀은 이렇게 말합니다.

"사상의 영역에서 피타고라스만큼 커다란 영향을 미친 사람은 없다. 플라톤주의도 이후의 정신적인 발전 과정에 엄청난 영향력을 발휘하기는 했지만, 따지고 보면 플라톤주의 또한 피타고라스주의에 속한다."

밀레토스가 파괴되고 피타고라스가 죽으면서, 그리스철학은 한 시대를 마감하고 새로운 철학자들이 등장하게 됩니다. 그중 한명이 밀레토스에서 북쪽으로 수백 킬로 떨어진 콜로폰 출신의 크세노파네스입니다.

크세노파네스는 20대에 자신의 도시에서 추방당한 후 방랑하는 음유 시인이 되었습니다. 그는 67년 동안 그리스 전역을 여행하면서 자작시나 다른 사람의 시를 낭송했다고 합니다. 현재 남아 있는 그의 시는 대부분 철학적 시들입니다. 그는 아르케를 '흙'이라고 했습니다. 이러한 그의 주장은 그리 독창적이지 못했지요. 피타고라스 이후 새로운 시대의 철학을 연 사람은 크세노파네스보다 30년쯤 후에 등장합니다. 바로 헤라클레이토스와 파르메니데스입니다. 이 두 철학자는 매우 상반된 이론을 제시하는데, 그들의 철학은 오늘날까지 철학의 거대한 두 흐름으로 이어져 오고 있습니다.

헤라클레이토스와 파르메니데스, 철학의 두 뿌리가 되다

1503년 교황으로 등극한 율리우스 2세는 바티칸 궁을 장식하기 위해 당시 명성이 자자했던 라파엘로를 초빙했습니다. 라파엘로는 교황의 서재로 쓰이는 방의 벽 한 면에 고대 철학자들을 그렸는데, 이것이 그 유명한 〈아테네 학당School of Athens〉(66쪽 참고)입니다.

그림 한가운데에는 가장 위대한 철학자, 플라톤과 아리스토텔레스가 묘사되어 있습니다. 그 밖에도 아낙시만드로스, 피타고라스, 소크라테스, 유클리드, 디오게네스, 플로티노스 등등 고대 철학자들을 한자리에 모았지요. 그런데, 그림에서 가장 눈에 띄는 철학자는 맨 앞에서 탁자에 기대 홀로 고독한 표정을 지으며 무언가 적고 있는 사람입니다. 그가 바로 헤라클레이토스(BC 540? ~ BC 480?)입니다.

이탈리아의 화가 라파엘로(1483~1520)가 그린 〈아테네 학당〉. 그림 한가운데의 왼편에서 오른손을 위로 가리키는 이가 플라톤. 그 오른쪽이 아리스토텔레스. 계단에 비스듬히 누워 있는 이는 디오게네스. 계단 아래 오른쪽에는 유클리드가 제자들을 지도하고 있는 모습이 보인다. 플라톤 왼편에서 사람들에게 무언가를 설파하고 있는 이는 소크라테스. 탁자에 팔을 괴고 있는 이가 헤라클레이토스다.

'어두운' 철학자, 헤라클레이토스

헤라클레이토스는 밀레토스에서 북쪽으로 수십 킬로 떨어진 에페소스에서 태어났습니다. 이곳은 당시에 밀레토스와 함께 번성했던 항구도시였습니다. 지금도 지중해에서 가장 아름다운 해변 중 하나로 꼽히며 수많은 관광객들이 몰리는 곳이지요. 그가 살던 시절은 정치적으로 매우 불안한 시대였습니다. 전쟁은 일상화되었고 여러 문화와 거대 권력, 도시와 국가가 서로 충돌하였습니다. 어느 한쪽의 몰락이 다른 한쪽의 상승을 이끄는 지속적인 싸움은 그의 철학에도 고스란히 녹아 있습니다. "전쟁은 만물의 아버지다." 그가 한 말입니다.

그는 세계 7대 불가사의 중 하나인 아르테미스 신전을 지키는 사제 집안이자 에페소스를 건국한 가문의 장남이었습니다. 가만히 있어도 정치 지도자가 되거나 최고의 사제로 살 수 있었지요. 그러나 헤라클레이토스는 부패한 정치를 지켜보며 정치가가 되는 삶이 무의미하다는 것을 깨닫습니다. 그래서 자신이 물려받은 모든 권리를 동생에게 넘겨주었습니다. 그러고는 세상의 일에서 물러나 아르테미스 신전 앞에서 아이들과 주사위 놀이하는 것을 더 좋아했습니다.

그는 매우 오만한 성격의 소유자이자 앞뒤가 꽉 막힌 사람이어서 사람들을 멸시하는 데 선수였습니다. 특히 무식한 사람이나 신을 믿는 사람에게는 더욱 그랬습니다. 그에게 대중이란 '들을 줄도 모르고 말할 줄도 모르는 사람'이었지요. 그는 신에게 기도하거나 자기 죄를 정화하기 위해 신전에 동물을 바치는 사람들에게 이렇게 말했습니다.

"신의 상에 기도를 드리는 것은 건물 안에 있는 신이 아니라 건물과 대화하는 것과 같다."

"그들은 제단 위에 흘린 피로 자신을 정화하려 하지만 오히려 다른 피로 스스로를 더럽힐 뿐이다. 흙탕물로 더러워진 사람이 다시 흙탕물로 씻으려는 것과 같은 이치다."

그의 오만함은 선배 철학자들에 대한 태도에서도 엿볼 수 있습니다.

"박식하다고 지성인이 되는 것은 아니다. 박식하다고 모두 지성인이 된다면 헤시오도스, 피타고라스, 크세노파네스, 헤카타이오스(고대 그리스의 역사가)도 지성인이라고 해야 할 것이다.”

하물며 그는, 자신은 어떠한 스승에게도 배운 적이 없다고 자랑했습니다. 어느 날 다른 사람들과 토론을 하던 그가 이렇게 말했다고 합니다. “잠시들 기다려 주게나. 내 자신에게 물어 봐야겠네.”

헤라클레이토스는 교만하게 여겨질 정도로 자신을 과대평가했지만, 권력이나 세속 일에 아무런 욕심이 없었습니다. 당시 최고의 영토와 부를 가졌던 페르시아 제국의 다리우스 대왕은 뛰어난 현인들을 주변에 모을 생각으로 그를 초청하는 편지를 썼습니다. 엄청난 재물로 스카우트를 하려 했던 것인데, 헤라클레이토스는 대왕의 제안을 거절하며 이렇게 답장을 보냅니다.

“인간이라는 덧없는 존재는 진리나 정의와는 거리가 멀게 삽니다. 인간은 자신의 고질적인 무분별함 때문에 지나치게 허영에 찬 생각만 하지요. 그러나 나는 이런 일체의 악과 나를 따라다니는 과욕이나 높은 지위에 앉고자 하는 허세도 모두 버렸으니 페르시아에 가지 않을 것입니다. 나는 소박한 것에 만족하며 내 뜻대로 살아가겠습니다.”

대중을 경멸한 그는 자연히 시민이 통치의 중심이 되는 민주주의를 혐오했습니다. 당시 에페소스는 그의 친구인 헤르모도로스가 일인통치를 하고 있었습니다. 여기에 대해 시민들은 “우리는 한 사람이 절대적인 귀인이 되는 것을 바라지 않는다. 만일 그런 사람이 있다면 다른 곳에 가서 그렇게 하도록 하라.”는 이유를 들어 헤르모도로스를 추방했습니다. 그러자 헤라클레이토스는 “에페소스의 어른들은 도시를 아이들에게 맡기고 모두 목매달아 죽어 마땅하다.”는 독설을 퍼붓고, 사람들이 없는 곳에서 은둔합니다.

　그는 세상사에 거리를 두고 야생식물로 연명하며 오직 철학적 문제에만 몰두해 《자연에 대하여》라는 책을 완성하였습니다. 그러나 사람들이 이 책을 읽지 못하도록 신전에 직접 보관했다고 전해집니다. 이 책 전체는 오늘날 전해지지 않고 일부분만 남아 있습니다.

　그의 글은 이해하기 어려울 정도로 난해하고 심오합니다. 간결하면서도 정교한 산문체 형식으로, 마치 신탁을 모방한 듯 애매모호하기 그지없습니다. 고대인들도 그의 글을 읽고 무척이나 당황스러워했습니다. 그래서 사람들은 그에게 어두운 사람, 이해할 수 없는 사람, 수수께끼 같은 사람이라는 별명을 붙여 주었습니다. 소크라테스도 그의 글을 읽고 이렇게 소감을 말합니다.

　"이해가 되는 부분에 대해 말한다면 참으로 대단한 내용이다. 그러므로 이해되지 않는 부분도 그러리라 짐작된다. 그러나 이 책을 완전히 이해하려면 델로스 섬의 잠수부와 같은 능력이 필요하다."

17세기 네덜란드 화가 요하네스 모레엘스가 그린 '눈물을 흘리는 철학자' 헤라클레이토스. 어두운 방에서, 어두운 옷을 입고 지구본 앞에서 상념에 차 있는 모습으로 표현했다.

판타레이, 모든 것은 변화한다

헤라클레이토스는 세상의 모든 것이 끊임없이 운동하며 변화한다고 생각했습니다. 그는 이것을 한 문장으로 요약합니다. "모든 것은 끊임없이 변화한다(panta rhei, 판타레이)."

우리의 경험적 관찰은 이것이 사실임을 잘 알고 있습니다. 아이는 어른이 되고, 늙어 가며, 결국 흙으로 돌아갑니다. 강철은 비에 녹이 슬고, 새것도 시간이 흐르면 낡은 것이 됩니다. 그의 말대로 세상 만물은 쉴 새 없이 변화합니다. 그는 "같은 강물에 두 번 몸을 담그는 것은 불가능하다."고 합니다. 왜냐하면 처음에 들어갔던 강물에 다시 들어가더라도 그 강물은 이미 새로운 물결로 이루어진 것이고, 우리도 처음 들어갈 때와 다르게 변화했기 때문이지요.

이처럼 끊임없는 변화를 상징적으로 보여 주는 것은 '불'입니다. 모든 것을 재로 만들며 새롭게 충전되어 활활 타오르는 불은 끊임없이 변화하는 만물의 속성을 더욱 잘 드러냅니다. 헤라클레이토스는 "세계는 항상 살아서 타오르는 불이며 바다와 땅은 이 영원한 모닥불의 재", 그리고 "상품을 금으로 바꾸고 금을 상품으로 바꾸는 것과 마찬가지로 만물은 불로 교환되는 물물교환 같은 것"이라고도 표현합니다.

많은 사람들은 그가 변화를 추구한 철학자라고 이해합니다. 그러나 이 같은 인식은 그를 오해한 것입니다. 그는 변화하는 세계 속에서 변화하지 않는 것을 추구했습니다. 불처럼 끊임없이 변화하는 세계는 우리가 경험할 수 있는 세계입니다. 이 세계는 어떤 원리들에 의해 바뀌지요. 헤라클레이토스는 그러한 변화를 일으키는 원리들이 있을 거라 생각했습니다. 이 원리는 변하지 않습니다. 예를 들어, 모든 사과는 시간이 지나면 가지에서 바닥으로 떨어집니다. 미국에 있는 사과도 한국에 있는 사과도 마찬가지입니다. 여기서 우리 눈앞의 사과와 같이 떨어지는 것이 불의 세계이며, 세계 어디서든 사과는 위에서 아래로 떨어진다는 것이 바로 세계의 변하지 않는 원리입니다.

헤라클레이토스는 이 원리를 '로고스'라고 했습니다. 앞에서 잠깐 언급했지만, 고대 그리스인들은 로고스를 언어나 인간이 가지고 있는 보편적 사유 능력, 혹은 이성으로 이해하고 있었습니다. 그러나 헤라클레이토스는 로고스의 개념을 더욱 발전시켜 세계를 질서 있게 만드는 '법칙' 혹은 '원리'로 사용합니다. '로고스'가 철학사의 중요한 개념으로 등장하는 순간이지요. 그는 말합니다. "나에게 귀를 기울이지 말고 로고스에 귀를 기울여, 만물은 하나라는 데 동의하는 것이 지혜롭다."

만물은 서로 투쟁한다

헤라클레이토스가 말하는 '로고스'의 내용은 무엇일까요? 간단히 정의하자면 그것은 '대립물 사이의 투쟁과 조화'입니다. 변화는 그냥 이루어지는 것이 아닙니다. 우리를 둘러싸고 있는 것은 모두 대립적인 요소들입니다. 예를 들어 잠과 깨어남, 배부름과 배고픔, 평화와 전쟁, 건강과 질병, 생명과 죽음 등등이 모두 그렇지요.

그중 일상생활에서 우리의 행동은 굶주림, 전쟁, 질병, 죽음 등 불편하고 부정적인 상태를 몰아내고 싶어 하고, 마치 그런 상태가 아예 존재하지 않는 것처럼 행동하려는 경향이 있습니다. 그러나 헤라클레이토스의 생각은 다릅니다. 현재의 마치 없는 것처럼 여기는 것들도 실상은 드러나지 않은 채 대립적인 상태로 있다는 것입니다. 이를테면 생명 자체에는 이미 죽음이 내포되어 있고, 어두운 밤의 뒤편에는 낮이 잠재되어 있습니다. 게다가 그는 이렇게 말합니다. "병이 있기에 건강이 좋은 줄 아는 것이 아닌가? 배고픔이 있기에 배부름의 고마움을 알 수 있는 것이고, 고생이 있어야 휴식의 감미로움을 깨달을 수 있지 않은가?"

남한과 북한은 오랜 기간 동안 적대적인 관계를 유지하고 있고, 지금도 언제 전쟁이 일어날지 모르는 상황입니다. 서로가 서로를 배척하며, 대립적인 상태에 맞서 어느 한쪽이 사라져야 할 것으로 여기기 때문입니다. 헤라클레이토스에 의하면, 이런 경우 양쪽의 관계는 잠재적이든 노골적이든 서로 공격적인 자세가 되므로 전쟁이 일어나기 쉽습니다. 서로 맞서 싸우는 상대편의 상태가 이미 자신의 내부에도 잠재되어 있다는 사실을 깨닫지 못하지요. 그러나 대립적인 관계가 영영 지속될 것 같지만, 그 안에는 서로가 조화를 이룰 수 있는 부분이 숨어 있습니다. 반면에 서로가 서로를 죽이려 하면 자신도 죽을 수밖에 없지요. 이 사실을 깨달을 때 둘은 조화로운 관계를 유지하고, 화해를 이룰 수 있다는 것입니다. 남북한 지도자들이 헤라클레이토스의 철학을 돌이켜봐야 할 이유입니다.

헤라클레이토스는 오랜 은둔 생활 때문에 말년에 수종증에 걸렸습니다. 수종증은 몸에 물이 차서 퉁퉁 붓는 병입니다. 그는 의사도 신임하지 않았나 봅니다. "의사들은 병을 치료하기 위해 고통을 준다."며 거침없이 쓴소리를 해댔습니다. 그러고는 스스로 처방을 내립니다. 그는 몸에 대변을 바르고 양지 바른 곳에 누웠습니다. 태양열로 인해 몸에 바른 대변과 함께 몸속의 물이 증발할 거라 믿은 겁니다. 그런데 냄새를 맡고 들개들이 찾아왔습니다. 먹이로 착각한 개들은 결국 그를 물어뜯어 먹었다고 합니다. 콩을 금했던 피타고라스는 콩 때문에 죽고, 불의 철학자는 물 때문에 죽었습니다. 아이러니하지요. 그러나 사실이라기보다는 누가 지어 낸 이야기로 보는 게 타당할 것 같습니다.

뒤에서 살펴볼 텐데, 헤라클레이토스의 철학은 플라톤 철학에 큰 영향을 줍니다. 더욱이 그의 철학은 고대보다 근현대 철학자들에 의해 더 높은 평가를 받게 됩니다. 어쩌면 당시 철학자들은 그를 제대로 이해하지 못했는지도 모르겠습니다. 근대 철학의 완성자라는 평을 듣는 헤겔은 '대립물의 통일'이라는 헤라클레이토스의 철학을 기반으로 자신의 변증법 철학을 정립합니다. 그는 헤라클레이토스를 변증법의 창시자로 평가하면서 "헤라클레이토스의 문장 가운데 내가 나의 논리학에 수용하지 않은 것은 하나도 없다."고까지 말했습니다. 니체도 헤라클레이토스에 대해 이렇게 말합니다.

"헤라클레이토스는 앞으로도 수천 년 동안 살아남을 것이다. 세계는 영원히 진리를 필요로 할 것이며, 따라서 영원히 헤라클레이토스를 필요로 할 것이다."

존재의 철학자, 파르메니데스

다루지 않았으면 좋을 철학자가 있습니다. 그의 주장은 난해하며 우리가 생각하는 상식과도 너무나 동떨어져 있기 때문입니다. 그렇다고 해서 그에 대해 언급하지 않고 넘어간다면 철학에 불경을 저지르는 일이지요. 그는 철학에서 가장 어려우면서도 중요한 존재론, 즉 '형이상학'을 만든 사람이기 때문입니다. 그가 바로 엘레아 출신의 파르메니데스입니다. 그의 철학을 한마디로 요약하면 다음과 같습니다.

"있는 것은 있고, 없는 것은 없다."

파르메니데스는 기원전 515년경에 이탈리아 남부에 있는 엘레아에서 태어났습니다. 엘레아는 인구가 약 1,000명 정도밖에 되지 않는 조용하고 한적한 항구도시였습니다. 그는 크세노파네스의 제자라고 알려져 있는데, 피타고라스학파의 일원이었던 아메이니아스와 교류하면서 '영혼의 평정'에 도달했다고 전해집니다.

좋은 가문의 부잣집 아들로 태어난 파르메니데스는 친구들에게 인심이 좋았습니다. 가난했던 친구 아메이니아스가 죽었을 때 그는 자신의 돈으로 사당을 하나 지어 주었다고 합니다. 그는 뛰어난 정치가이자 입법자이기도 했지요. 엘레아의 모든 시민들은 성년이 되면 파르메니데스가 만든 법에 따라 충성을 서약했다고 합니다.

그는 기원전 450년에 65세의 나이로 아테네를 방문한 것으로 전해집니다. 엘레아의 사절단으로 파견되었는데 그의 제자인 제논과 동행했습니다. 플라톤은 그의 저서 《파르메니데스》에서 노철학자 파르메니데스

엘레아학파의 시조인 파르메니데스의 두상. 그는 철학사에서
존재(있음)라는 문제를 처음 제기한 인물로, 형이상학의 창시
자로 여겨진다.

와 25세의 젊은 소크라테스가 대화를 나눈 것에 대해 자세하게 적고 있
습니다. 그러나 이 책의 내용은 너무나도 지루하고 어려워서 끝까지 읽
는 것은 거의 불가능해 보입니다.

　그는 《자연에 대하여》라는 제목의 저서를 남겼습니다. 이 책은 153편
의 시로 이루어져 있다고 하지만, 현재 남아 있는 것은 18개의 단편들뿐
입니다. 특히 서문 부분은 매우 은유적인 내용을 담고 있는데, 파르메니
데스 자신이 암말이 끄는 마차를 타고 '사람이 다니지 않는 곳', 곧 진리
에 도달하는 것으로 묘사하고 있습니다.

　"태양의 딸들이 어둠의 집을 떠나 빛을 향해 돌진할 때, 회전축은 화
염에 휩싸인 채 쉭쉭거리며 소리를 토해 낸다. 그리고 거기 낮과 밤으로
인도하는 갈림길의 문이 기다린다."

　문 앞에 도달한 그는 문을 지키는 정의의 여신 '디케'를 만나게 됩니
다. 이때 태양의 딸들이 정의의 여신을 부드러운 말로 설득하여 파르메
니데스가 문을 통과할 수 있도록 하지요. 문이 열리고 그는 여행의 종착

지인 여신의 거처에 도착하게 됩니다. 여신은 그를 반갑게 맞이하며 이렇게 말합니다.

"불사의 마부들과 더불어, 그대를 태워 나르는 암말들과 함께 우리 집에 온 젊은이여! 잘 왔다. 그대를 이 길로 오도록 보내 준 것은 나쁜 운명이 아니라, '테미스(옳음)'와 '디케(정의)'이니 말이다. 실로 이 길은 인간들이 밟고 다니는 길에서 멀리 떨어져 있으니까 하는 말이다. 자, 그대는 모든 것을 배워야 한다. 흔들림 없는 완벽한 진리와 참된 확신이 없는 죽을 수밖에 없는 인간들의 의견을."

진리의 길과 의견의 길

파르메니데스가 가고자 한 '진리'의 길은 무엇일까요?

고대 그리스인들에게 '변화'는 당연한 것이었습니다. 계절과 자연의 변화, 인간의 생로병사 모두가 변화에 속합니다. 그들은 이러한 변화의 세계를 신화를 통해서도 보여 줍니다. 신들은 하나의 모습으로 묘사되는 게 아니라 수없이 변신을 거듭하지요. 제우스는 신의 모습으로도, 하얀 소의 모습으로도 나타납니다. 그 같은 변화를 철학적으로 사유한 사람은 앞에서 소개한 헤라클레이토스였습니다. 파르메니데스가 그리스 영토의 반대편에 살았던 헤라클레이토스를 알았는지에 대해서는 알려진 바가 없는데, 여하튼 그는 헤라클레이토스와는 정반대되는 주장을 합니다. "변화는 없다."는 것이지요.

파르메니데스에 따르면, 생각한다는 것은 반드시 '있는 것'을 전제로 하는 것이기 때문에 '있지 않은 것'은 생각의 대상이 될 수 없습니다. 무언가를 생각한다는 것은 생각되는 어떤 것의 존재를 드러내는 것이고, 반대로 존재하지 않는 것은 생각의 대상조차 될 수 없으며 그에 대해 말할 수도 없다는 것입니다.

그러나 우리는 그의 주장을 받아들이기가 쉽지 않습니다. 가령 머리가 두 개이고 입에서 불을 뿜으며 하늘을 날아다니는 용을 생각할 수 있습니다. 그러나 그런 용은 존재하지 않지요. 그럼 그의 주장이 틀린 걸까요? 그는 태연하게 말할 것입니다.

"머리가 존재하고, 입이 존재하고, 불이 존재하고, 날개가 존재한다. 이러한 존재가 없다면 용을 상상할 수 있을까?"

따라서 그는 분명하게 결론짓습니다. "있는 것은 있고, 없는 것은 없다." 다시 말해, 존재하는 것만이 있는 반면 존재하지 않는 것은 없다는 뜻이지요. 그런데 이런 주장으로부터 어떻게 '변화는 없다'는 결론이 나올 수 있을까요? 이것을 파르메니데스가 어떻게 증명하는지 따라가 본다면, 우리도 어느새 진리의 문을 굳게 지키고 있는 정의의 여신을 뒤로한 채 진리의 여신을 만날 수 있을 것입니다.

먼저, 고대 그리스인들이 생각하는 변화란 '생성'과 '소멸'을 의미합니다. 이것은 '없는 것'에서 '있는 것'이 생기거나 반대로 '있는 것'에서 '없는 것'이 되는 거지요. 만약 A가 B로부터 생성된다면, B는 있는 것이든지 있지 않은 것이든지 둘 중 하나입니다(존재 혹은 비존재).

먼저 B가 없다고 생각합시다. 만약 B가 없는 것이라면 우리는 B에 대해 생각할 수도 말할 수도 없습니다. 그런데 생각할 수도 말할 수도 없는 것에서 무엇이 생겼다는 것은 말이 안 됩니다. 다시 정리하자면, 어떤 존재가 생성되었다면 그것은 존재, 혹은 비존재에서 생성되는데, 비존재는 생각할 수도 말할 수도 없으므로 존재가 비존재에서 생성되었다고 할 수는 없다는 것입니다.

그러면 B가 있는 것이라고 가정해 보지요. 이때는 두 가지를 생각할 수 있습니다. 첫째, B와 A 사이에 간격이 있다고 생각해 보세요. 간격은 비어 있는 공간을 의미하지요. 비어 있다는 것은 없는 것을 의미하고 이미 그것은 불가능함을 보였습니다.

다음으로 B와 A 사이가 붙어 있을 경우인데, 이것은 B와 A가 같이 하나로 있는 상태이기 때문에 구별할 이유가 없습니다. 즉, B와 A는 하나의 존재이기 때문에 A가 A에서 스스로 생성했다는 것이 되지요. 결국, 무엇에서 무엇이 생성된다는 것은 불가능합니다. 그 반대인 소멸도 같은 논리로 불가능하다는 결론을 얻을 수 있습니다. 이로써 파르메니데스는 "있는 것은 생성되지도 소멸되지도 않으며, 나누어질 수 있는 것도 아니고, 더 많이 있지도 않고, 더 적게 있지도 않은 하나의 연속적인 전체"라고 결론을 내립니다.

파르메니데스는 진리의 길에서 벗어나 있는 '의견의 길'이란 개념도 제시했습니다. 이것은, 존재는 생성되지도 소멸되지도 않는다는 주장과는 달리 생성과 변화를 믿는 것입니다. 그는 사람들이 변화를 믿는 것은 우리의 감각이 외부 세계에 현혹되어 "있는 것과 있지 않은 것이 같은 것으로, 또는 같지 않은 것으로" 뒤섞여 있기 때문이라고 생각했습니다.

그는 정의의 여신의 입을 빌려 말합니다.

"많은 경험으로부터 비롯된 관습을 따르지 마라. 이것은 이성이 아니라 감각에 의한 것이다. 이것은 그대의 시선을 목적 없이 방황케 하거나, 그대의 귀와 혀를 의미 없는 소리로 가득 찬 길로 떨어지게 하기 때문이다."

변화하지 않는 존재를 이해하는 이성理性만이 진리이며 그에 반해 생성, 소멸, 변화를 믿게 하는 감각적 경험이 오류의 근원이라는 것이지요. 사실 파르메니데스의 존재에 관한 이론은 우리가 일상에서 마주치는 상식의 세계와 너무나 멀리 떨어져 있습니다. 이 화해할 수 없는, 진리와 의견 사이의 간극을 메우는 일은 이후에 등장하는 철학자들의 큰 골칫거리였습니다. 그랬던 만큼 파르메니데스는 모든 시대를 통틀어 가장 위대한 사상가 가운데 한 사람이었습니다. 영국 철학자 칼 포퍼는 말

'날아가는 화살은 날지 않는다', '준족의 아킬레스는 거북이를 추월할 수 없다' 같은 역설로 유명한 제논의 모습. 그는 파르메니데스의 제자로, 스토아학파의 창시자인 키티온의 제논과 구별해 흔히 엘레아의 제논이라고 한다. 제논은 사물(존재)의 다원성과 운동을 인정하지 않는 스승의 이론을 옹호하여 독창적인 논법을 펼쳤다.

합니다.

　"과학사와 철학사를 다루는 학자들 중에는 파르메니데스처럼 위대한 사상가가 세계의 변화를 모두 환영으로 치부하면서 우리의 경험과는 너무나도 어긋나는 학설을 주장했다고 서술하기를 주저하는 사람들이 있다. 그러나 아인슈타인도 파르메니데스와 비슷하게 생각했다는 것을 알게 되면 그들의 주저함도 사라지게 될 것이다."

데모크리토스,
태초에 원자가 있었다

데모크리토스에 대해 이야기하기 전에 우리가 꼭 알아야 할 철학자가 있습니다. 그는 파르메니데스의 존재론을 비판적으로 계승해, 파르메니데스의 "있는 것은 생성하지도 소멸하지도 않는다."라는 주장은 받아들이지만 있는 것이 '하나의 연속적 전체'라는 주장은 받아들이지 않았습니다. 그는 변하지 않고 영원한 것은 '하나'가 아니라고 생각했습니다. 또한 인간이 자신의 지각과 개별적 경험이 빚어내는 혼란으로부터 벗어나 세계를 바라보면, 세계는 4개의 원소로 구성되어 있음을 발견할 수 있다고 했습니다. 그것은 흙, 물, 불, 공기이며, 이 4개의 원소가 뭉치고 흩어지면서 생겨난 것이 세계라고 이해했습니다. 그가 바로 '4원소설'을 주장한 철학자 엠페도클레스입니다.

신이 되고자 했던 철학자, 엠페도클레스

의사들이 이미 죽었다고 단념한 판테이아라는 여성이 있었습니다. 엠페도클레스는 그녀의 생명을 기적적으로 살려 냈습니다. 이를 축하하고자 그는 에트나 화산 기슭의 어느 부잣집에서 80명의 손님을 초대하여 연회를 열었는데, 그날 밤 손님들이 잠자리에 든 후 하늘에서 자신의 이름을 부르는 소리를 들었습니다. 그 소리에 이끌린 엠페도클레스는 화산의 분화구에 도착하자마자 미련 없이 그 속으로 뛰어듭니다. 사람들에게 자신이 신이 되었다고 하는 믿음을 주기 위해서였습니다. 얼마 후 사람들은 화산이 그가 늘 신고 다니던 청동 샌들 하나를 다시 토해 낸 것을 보았습니다.

《철학의 역사》(토마스 스탠리, 1655)에 실린 엠페도클레스의 모습. 그는 세상의 모든 만물이 물, 불, 공기, 흙의 4원소로 이루어졌으며, 이것들이 사랑과 미움의 힘에 의해 분리되고 결합함으로써 만물이 생성하고 소멸하는 것으로 보았다.

엠페도클레스의 최후에 관한 이 이야기는 거의 신화 수준입니다. 그러나 그의 삶을 들여다보면 사람들이 왜 이런 신화적 죽음을 이야기하게 되었는지 이해가 되기도 합니다.

그는 이탈리아 반도 끝 시칠리아 섬 남쪽 해안에 자리 잡은 도시국가 아크라가스에서 기원전 490년에 태어났습니다. 말 경연대회에서 상을 받은 종마 사육장을 소유할 정도로 부유한 귀족 가문 출신이었지요. 하지만 정치적 입장에서 민주주의자였던 그는 아크라가스에서 독재를 실시하려는 음모를 좌절시켰다고 합니다. 이에 감사한 시민들이 그를 왕으로 추대하려 하였으나, 엠페도클레스는 이를 거부하고 철학자, 조언자로서의 검소한 삶을 택했습니다.

엠페도클레스는 정치가뿐 아니라 의사로서도 명성을 떨쳤습니다. 도시에 나돌던 전염병을 막는 등 수많은 사람들을 질병으로부터 구해 내자, 시민들은 그를 거의 신으로 추앙했다고 합니다. 그는 비록 왕의 자리는 거절했지만, 신과 같은 대접만큼은 거절하지 않았습니다. 이후 그는 신의 형상을 본떠 붉은 융단으로 된 긴 옷에 금으로 된 허리띠를 두르고, 청동 신발을 신고, 델포이 신전에서 쓰는 관을 머리에 쓰고 다녔다고 합니다. 엠페도클레스의 죽음에 관한 신화적 이야기의 배경은 바로 이것이지요.

프랑스 영화감독 뤽 베송이 1997년에 만든 영화 〈제5원소〉는 외계 행성의 침입으로 위기에 빠진 지구를 구한다는 SF 영화입니다. 영화에서는 지구 멸망으로부터 인류를 구원할 방법이 피라미드 벽면에 적혀 있지요. 물, 불, 공기, 흙을 상징하는 4개의 돌과 절대인간이 결합했을 때 구원을 얻는다는 내용인데, 반면에 4개의 돌이 악의 손에 들어가면 지구는 멸망하게 됩니다. 그리고 절대인간은 다름 아닌 사랑 그 자체이고, 악은 미움으로 드러납니다. 이 영화는 바로 엠페도클레스의 '4원소설'을 바탕으로 했습니다.

엠페도클레스의 4원소설은 이오니아 자연 철학자들의 사상과 파르메니데스의 사상을 합친, 마치 그리스철학의 종합선물세트와 같습니다. 앞에서 소개한 그리스 철학자들은 주로 어떤 하나의 물질을 선택해 세계의 기본적인 요소로 제시했습니다. 탈레스는 물, 아낙시메네스는 공기, 크세노파네스는 흙, 그리고 헤라클레이토스는 불에 특별할 지위를 부여했습니다. 그에 비해 엠페도클레스는 이 네 원소를 우주의 근본적인 구성요소로 여기고 그것을 '뿌리'라고 불렀습니다.

엠페도클레스가 떨어져 죽었다고 전해지는, 이탈리아 시칠리아 섬 동부에 위치한 에트나 산. 유럽 최대의 활화산인 에트나 화산은 최근까지도 분화를 계속 하고 있다.

"이 네 뿌리로부터 존재하였던, 존재하는, 존재할 모든 것들이 생겨난다. 나무, 짐승, 인간, 남자와 여자 모두와 하늘의 새, 물에서 뛰노는 물고기와 높은 곳에서 오랫동안 숭배되었던, 나이 많은 신들까지도."

그는 우리 눈앞에 보이는 모든 것은 4원소인 물, 공기, 불, 흙이 뭉치고 흩어지면서 벌어지는 현상으로 설명합니다. 인간이 태어나고 죽는 것도, 사물이 생겨나고 소멸하는 것도 실제로는 이들 4원소들이 결합하고 흩어지면서 생기는 현상이라는 것입니다. 여기서 그는 생성과 소멸을 부정했던 파르메니데스의 주장을 그대로 수용합니다. 다만, 파르메니데스에서 하나였던 존재는 이제 4개의 원소로 나타납니다. 우리가 살고 있는 세계가 끊임없이 생성하고 소멸하는 것처럼 보이는 것은 우리의 감각 때문이라고 한 파르메니데스의 이론에 비해, 그는 4원소를 뭉치게 하고 흩어지게 하는 원리를 설명함으로써 세계가 어떻게 출현했는지를 보여 줍니다.

그는 파르메니데스가 부정했던 운동을 다시 끌어들입니다. 그 운동의 힘은 사랑과 미움입니다. 사랑은 당연히 4원소를 결합하는 힘이며, 미움은 결합된 것을 4개의 원소로 흩어지게 하는 힘입니다.

"미움 속에서 그것들은 모두가 상이한 형태를 하게 되고 분리되나, 사랑 속에서 그것들은 결합하여 서로를 그리워한다."

4원소는 다수가 결합하여 하나를 이루기도 하고, 어떤 때는 하나가 다수로 분리되기도 합니다. 그리고 이러한 상호관계는 계속됩니다. 그는 나아가 4원소설을 바탕으로 사회, 역사, 생명의 발생 등을 설명합니다. 그가 신의 수준에 도달했다고 했던 의술의 원리도 바로 여기에서 출발하게 되지요. 자만과 오만함으로 가득한 그였지만, 깊은 종교심을 지닌 사람답게 그의 고백에는 회한도 엿보입니다.

"나도 지금 이 길을 걷고 있다. 광분하는 불화를 믿었던 탓에 신으로부터 추방되어 떠돌아다니는 자로서."

웃는 철학자, 데모크리토스

"사람에게 가장 좋은 것은 가능한 한 가장 유쾌하게, 그리고 가능한 한 가장 괴롭지 않게 삶을 이끌어 가는 것이다."

유쾌한 삶을 강조했고 본인 스스로도 그러한 삶을 살았던 철학자, 그래서 후대 사람들은 '우는 철학자' 헤라클레이토스와 비교하여 그에게 '웃는 철학자'라는 별명을 지어 주었습니다. 그의 낄낄거리는 웃음소리는 온 그리스에서 유명했습니다. 이를 두고 아테네 지식인들은 이렇게 놀려대곤 했습니다.

"그 사람, 바보들의 천국 압데라 출신 아닌가?"

그가 바로 데모크리토스입니다. 그는 기원전 460년경에 그리스 북부, 트라키아 지역의 압데라라는 도시에서 태어났습니다. 철학이 탄생된 이후 처음으로 그리스 본토에서 태어난 철학자이지요.

데모크리토스의 아버지는 압데라에서 알아주는 부자였습니다. 그는 아들에게 100달란톤을 유산으로 남겼다고 하는데, 지금 우리 돈으로 환산하면 약 10억 원 정도이지요. 데모크리토스는 이 돈으로 지식을 얻기

'우는 철학자' 헤라클레이토스와 '웃는 철학자' 데모크리토스의 흉상(17세기 이탈리아, 대리석 작품)

위한 여행을 떠났습니다. 그는 지치지 않는 방랑자였습니다. 바빌로니아에서 천문학을 배웠고, 페르시아에서 신학을, 이집트에서는 기하학을 배웠습니다. 에티오피아와 홍해는 물론 멀리 인도에까지 가 나체 수련자들도 만났습니다. 알렉산드리아의 클라멘스가 채록한 단편에는 그가 자신의 여행담을 적은 글이 남아 있습니다.

나는 우리 시대의 사람들 중 가장 많은 여행을 하고, 가장 이상한 것들을 찾아다녔으며, 셀 수 없이 많은 하늘과 땅을 보았다. 또한 학식 있는 사람들을 가장 많이 만났다. 기하학적인 도형을 그리고 이를 풀이하는 데에 나를 능가하는 사람이 없었으니, 이른바 토지 측량학자라고 하는 사람들도 나를 이기지 못하였다.

하지만 여행에 돈을 모조리 다 써버리고 고향에 돌아온 그는 형제들에게 얹혀사는 신세가 되었습니다. 게다가 문제는 또 있었습니다. 트라키아의 오랜 법에 따르면 아버지의 재산을 탕진한 자식은 조국의 땅에 묻힐 수 없다는 규정이 있었던 것이지요. 여기에 데모크리토스는 죽은 다음에 바다에 버려지는 게 두려워 자신이 쓴 《자연에 관하여》라는 책을 사람들 앞에서 읽었다고 합니다. 그러자 압데라 시민들은 그의 해박한 지식에 놀라 그를 위해 돈을 모아 주고, 죽으면 국장으로 장사를 치러 주기로 약속했다는 이야기가 전해집니다.

데모크리토스는 박식한 동시에 80여 권의 책을 남길 만큼 활발한 저술 활동을 한 것으로 알려져 있습니다. 그가 수학에 관한 글을 쓴 것과 관련해서는, 당시 뛰어난 수학자였던 아르키메데스가 그의 논문에 칭찬을 아끼지 않았다고 합니다. 생물학에 관한 글에서는, 생물을 직접 해부해 본 사람의 경험이 묻어 있었다고도 전해집니다. 그는 정치학, 윤리학, 문헌학, 문학, 음악에 대해서도 글을 남겼으며, 자연의 체계에도 관심이 많았습니다. 데모크리토스가 썼다고 전해지는 저서의 목록을 보면, 그는 정말 모든 것에 대하여 왕성한 호기심으로 글을 써댄 백과전서적 인물이었습니다. 자연히 그의 명성은 압데라를 넘어 지중해 전 지역으로 퍼져 갔습니다.

플라톤은 자신의 스승인 소크라테스와 동시대에 살았던 데모크리토스에 대해 분명히 잘 알고 있었을 것입니다. 그러나 그에 대하여 플라톤은 단 한 번도 언급한 적이 없었습니다. 《철학자 열전》을 지은 디오게네스 라에르티오스는, 플라톤이 데모크리토스를 너무 싫어해서 그의 모든 저작을 불태워 버리고 싶어 했을 정도였다고 전합니다. 그러나 책이 너무 광범위하게 퍼져 있는데다가 호응도 좋아서 실천으로 옮기지는 못했지요.

원자로 이루어진 세계

데모크리토스는 물체를 계속 쪼개다 보면 더 이상 쪼갤 수 없는 미세한 물질이 남을 것인데, 이것을 '아토모스(atomos, 원자)'라고 불렀습니다. 그리스어 '아토모스'는 더 이상 '나눌 수 없음'을 뜻합니다. 그는 원자들이 너무 작아서 감각을 통해서는 인식되지 않는다고 했습니다. 한편으로 원자들의 수는 무한하며 무한히 다양한 모습으로 등장할 수 있지만, 원자들 자체는 영원히 존재합니다. 만약 원자들이 틈 없이 빽빽하게 세계를 가득 채운다면 운동은 불가능할 것입니다. 그러나 그는 파르메니데스와는 달리 운동이 있다고 생각했습니다. 원자들이 운동하기 위해서는 '빈 공간'이 필요합니다. 마치 어두운 방의 빛줄기에 모습을 보이는 먼지처럼 원자들은 끊임없이 운동을 합니다.

원자들은 다양한 모습을 하고 있으며, 크기가 다르고, 위치가 다를 수도 있습니다. 어떤 원자는 둥글고, 어떤 원자는 갈고리 모양이며, 어떤 원자는 네모날 수도 있습니다. 원자들은 끊임없이 운동하면서 서로 충돌하기도 하고 서로 결합하기도 합니다. 우리가 볼 수 있는 물체들은 원자들이 충돌하고 결합하여 형성된 원자들의 복합체인데, 물체의 종류가 서로 다른 까닭은 그들을 구성하는 원자가 서로 다르기 때문입니다. 데모크리토스는 말합니다.

"세계들은 다음과 같이 생겨난다. 온갖 형태의 많은 물체들이 무한한 것에서 잘라져서 조각 난 채 거대한 허공으로 옮겨지며, 그것들이 한데 모여서 하나의 회오리를 만드는데, 이 회오리 안에서 서로 부딪치고 온갖 방식으로 회전하면서 비슷한 것들끼리 분리된다."

이것이 데모크리토스가 이해한 사물의 존재 원리입니다. 우리가 물이나 불, 식물이나 인간으로 인식하는 대상 모두는 빈 공간에 서로 다른 모습을 띤 원자들이 서로 다른 방식으로 결합한 것이지요. 원자로 세상 만물의 생성을 설명한 그는 유물론의 입장에서 영혼의 불멸을 부정하기도 했습니다.

데모크리토스는 우리의 지각이나 사고도 원자로 이루어졌다고 말합니다. 예를 들어 매운 맛은 작고 날카롭고 모난 원자들로부터, 단맛은 크고 둥글고 부드러운 원자들로부터 생기는 것입니다. 소리도 다양한 원자들의 결합입니다. 나아가 그는 세계가 만들어진 과정을 이렇게 설명합니다. 무거운 원자들이 모여 덩어리를 이룬 것이 대지이며, 그 대지의 내부에서 가벼운 원자 덩어리들이 물이 되어 대지의 움푹 파진 곳에 깃들어 있는 것이 바로 바다입니다. 그리고 가장 가벼운 원자들은 우리가 호흡하는 공기가 됩니다. 생명에 대해서는, 생명은 물질 안에 존재하며 불의 원자로 이루어져 있다고 말합니다. 이 원자들은 아주 작고 둥글고 매끈한데 굉장한 이동성을 가지고 있습니다. 불의 원자들이 충분히 있는 한 생명은 유지됩니다. 대기는 수많은 불의 원자들을 포함하고 있기 때문에 생명체는 대기를 호흡함으로써 죽을 때까지 생명을 유지할 수 있는 것입니다.

데모크리토스의 원자론은 파르메니데스의 '있음'과 헤라클레이토스의 '변화'라는 반대되는 두 이론을 화해시키기 위해 고안되어, 결국 뛰어난 해결책을 제시했습니다.

그는 우선 파르메니데스에게 원자를 선물합니다. 파르메니데스가 주장한 '있음'의 모든 특성, 즉 변화하지 않고 영원하고 나누어질 수 없고, 그 내부가 꽉 차 있는 원자를 준 것이지요. 반대로 헤라클레이토스에게는 빈 공간을 선물합니다. 이 공간이야말로 원자들이 마음껏 뛰어놀 수 있는 곳인 동시에 결합과 분리를 반복하며 지속적인 변화를 즐기는 곳이기 때문입니다. 이렇듯 그의 원자론은 어느 대담한 철학자의 공상적인 산물이 아니라, 밀레토스에서 처음 제기된 문제를 놓고 150년 동안 진행된 연구의 결과이자 진지한 대답이었습니다.

그는 100살을 넘게 살았다고 합니다. 그런 어느 날 스스로 목숨을 끊으려고 음식을 입에 대지 않았습니다. 마지막에 이르러 곧 숨이 넘어가려 할 때였습니다. 그의 누이가 불평합니다.

"지금 죽으면 내가 고대했던 테스모포리아 축제(고대 그리스 축제로 여성만 참여했다.)에 갈 수 없잖아요?"

그러자 데모크리토스는 누이에게 갓 구운 빵을 가져오게 하더니, 빵 냄새를 맡으며 사흘을 넘긴 후 말합니다. "축제는 끝났나?" 누이가 그렇다고 대답하자 그는 눈을 감고 영원히 잠들었습니다.

데모크리토스는 영혼도 원자의 운동에 불과하다고 보았습니다. 또한, 행복한 영혼이란 영혼을 구성하는 원자들이 안정되어 큰 동요로부터 벗어나 있는 것이라고 주장합니다. 이를 위해서는 영혼을 구성하는 원자의 배열과 위치를 항상 좋은 상태로 유지해야 하지요. 이렇듯 그는 원자에 관한 놀라운 발상으로 서양 철학사의 중요한 이론 중 하나인 원자론의 선구자가 됩니다. 이론물리학자이며 노벨상을 수상했던 리처드 파인만은 이렇게 묻습니다.

"대홍수가 일어나 모든 과학적 인식들이 파괴되고 오로지 하나의 문장만이 우리의 후대에게 전달될 수 있는 상황이 온다면, 어떤 착상이 가장 짧은 말 안에 가장 많은 정보를 담고 있을까?" 그는 대답합니다.

"나는 그것이 원자가설이라고 생각한다. 모든 것들이 원자로 이루어졌다는 문장, 이 하나의 문장으로부터 끌어낼 수 있는 세계에 대한 정보량은 실로 엄청나다."

데모크리토스는 그리스철학이 정점으로 나아가는 길을 제시했습니다. 하지만 그는 "실은 우리가 아는 것은 아무것도 없다. 진리는 깊숙한

그리스에 유로가 도입되기 전, 데모크리토스의 두상이 새겨진 10 드라크마 동전과 아리스토텔레스가 새겨진 5 드라크마 동전(오른쪽). 데모크리토스는 원자론을 체계화하였는데, 그의 이론은 물질을 근본적인 실재로 보는 유물론의 출발점으로 여겨진다.

곳에 감추어져 있기 때문이다."라고 선언합니다. 이에 대해 칼 포퍼는 이렇게 지적합니다.

"이와 같은 생각에서 나타나는 소크라테스 이전 철학자들의 비판적인 자세는 소크라테스의 윤리적 합리주의로 나아가는 길을 열어 놓았다. 비판적인 토론을 통해 진리를 찾는 것이 최상의 삶의 태도라는 소크라테스의 확신은 그들에 의해 준비되어 있었다."

데모크리토스를 마지막으로 소크라테스 이전 철학자들의 위대한 시대가 막을 내립니다.

이제 철학은 새로운 시대를 기다리고 있습니다. 그리스의 정신이 자연에서 인간으로 방향을 틀기 시작하고, 자연의 자리는 인간이라는 비밀투성이가 차지하게 되지요. 인간이란 무엇이며 어떻게 살아야 하는가? 사회란 무엇이며 어떤 사회가 이상적인 사회인가? 우리는 왜 법을 만들었는가? 이런 물음을 끊임없이 던지고 그에 대한 답을 구했던 새로운 시대의 철학은 아테네에서 시작합니다. ♣

PART
2

그리스철학의
황금기가 펼쳐지다

기원전 490년 마라톤 평원에서 아테네 군대는 그리스 본토를 침공해 온 페르시아 군대를 무찌르고 승리했습니다. 그때 병사 한 명이 단숨에 아테네로 달려가 승리의 소식을 전하고는 그 자리에서 쓰러져 죽고 말았습니다. 이것이 42.195km를 달리는 마라톤의 기원이지요. 여기서 굳이 페르시아 전쟁을 언급하는 것은 아테네 민주주의와 철학이 황금기를 맞이한 배경과 밀접한 관련이 있기 때문입니다.

　페르시아와 그리스의 전쟁은 이오니아 지역에 거주했던 그리스인들이 페르시아의 점령에 불만을 품고 반란을 일으킨 것이 시발점이었습니다. 이오니아 사람들은 그리스 본토의 아테네와 연합하여 기원전 498년에 페르시아의 도시 사르데이스를 점령하고 불태웠습니다. 여기에 화가 난 페르시아의 다리우스 대왕은 이오니아 지역을 공격하기 시작했고, 기원전 494년에 밀레토스를 정복하였습니다. 이후 다리우스 대왕은 자신의 영토에서 반란이 일어나고 그리스 본토에서 개입하는 것을 막기 위해 전쟁을 후원했던 아테네와 그리스 본토의 정벌을 마음먹습니다.

　일설에 따르면, 대왕은 이름도 생소한 아테네를 기억하기 위해 자신의 하인에게 특별한 임무를 주었다고 합니다. 자신이 식사를 할 때마다 "폐하, 아테네를 기억하소서!"라고 외치는 일이었지요. 그리고 마침내 다리우스 대왕은 기원전 492년에 그리스 본토를 공격합니다. 그러나 페르시아의 공격은 마라톤에서 패배하는 바람에 무산되고 말았습니다. 이 때 아테네의 고위행정관으로 있던 테미스토클레스는 이 전쟁을 기회 삼아 그리스 동맹을 결성합니다. 400개 이상의 도시국가들이 아테네의 우산 아래 단결하여 오늘날 유엔과 같은 국제기구를 만든 겁니다. 본부는 델로스 섬에 두었고, 모든 도시국가들은 동맹을 유지하고 자국의 안전을 위해 일정액의 분담금을 내야 했습니다.

기원전 486년에 다리우스 대왕이 죽고, 그리스 정복의 과업은 아들 크세르크세스 1세에게 넘어갑니다. 그는 역사상 일찍이 들어본 적 없는 대규모의 군대를 이끌고 그리스 정벌에 나섰습니다. 육로로 보병 170만과 기병 80만, 그리고 군함 1,200척을 보냈다고 합니다. 헤로도토스는 그 엄청난 규모에 대해 이렇게 전합니다. 보병이 강가에 주둔해 군인들이 물을 마시면 강물이 말라 버렸다고!

페르시아와 그리스 연합군 사이의 전투 중 기록될 만한 것은 세 번 있었습니다. 테르모필레, 살라미스, 플라타이아이 전투가 그것입니다. 영화 〈300〉은 바로 테르모필레 협곡 전투에 관한 헤로도토스의 이야기를 각색한 것입니다. 레오니다스가 이끄는 스파르타 전사 300명과 그리스 연합군 4,000명은 그리스로 들어오는 좁은 길목인 테르모필레에서 페르시아 군을 기다렸습니다. 그러나 중과부적으로 그리스인은 모두 전사하고, 페르시아 군대는 그리스 영토 대부분을 쑥대밭으로 만들어 버립니다. 이때 아테네 사람들은 배를 타고 도망치지만, 살라미스에서 벌어진 해전에서 그리스 연합군은 페르시아 해군을 격퇴시킵니다. 전쟁이 시작된 이듬해에는 반격에 나선 그리스 연합군이 플라타이아이 전투에서 페르시아 군대에게 치명적인 타격을 주었습니다. 이후부터 아테네와 스파르타는 그리스에서 최고의 군사세력으로 인정받게 됩니다.

그러나 두 패권 국가는 서로 전쟁을 벌여 몰락의 길을 걷습니다. 아테네를 중심으로 하는 델로스 동맹과 스파르타를 중심으로 하는 펠로폰네소스 동맹의 전쟁에서 결국 스파르타가 승리하게 되지요. 이 전쟁이 펠로폰네소스 전쟁(기원전 431~기원전 404)입니다. 우리가 흔히 그리스철학의 황금기라 부르는 시기는 이 두 전쟁 사이에 걸쳐 있습니다. 소크라테스부터 시작해 플라톤을 거쳐 아리스토텔레스에서 완성된 그리스철학은, 전쟁을 통해 시작되었고 전쟁과 함께 막을 내립니다.

제2차 세계대전이 끝난 후 미국이 전성기를 맞이했듯이 아테네 또한 풍성한 시대를 맞이합니다. 이 시기를 흔히 '아테네 황금기' 혹은 '신비의 페리클레스 시대'라고 하지요. 페리클레스는 이 시절에 등장한 아테네 정치가입니다. 그는 페르시아와의 전쟁이 끝날 무렵 델로스 섬에 있던 동맹의 금고를 아테네로 옮겨오는 데 성공합니다. 그때부터 동맹의 기금은 페리클레스의 손에 의해 좌지우지되었습니다. 그는 이 돈으로 아테네 함대를 강화하는 한편, 파괴된 공공건물들을 다시 짓습니다. 아테네를 확고한 민주주의 국가로 발전시켰고, 예술과 학문에도 많은 관심을 보여 지원을 아끼지 않았습니다. 그가 통치한 40년간 아테네는 실로 복된 자유가, 그리고 서구사상 유일무이한 문화 시대가 열린 것입니다.

아테나 여신을 기리기 위해 아크로폴리스에 건설된 파르테논 신전, 유럽 최초의 대학인 플라톤의 아카데메이아, 아리스토텔레스의 리케이온, 유럽 중등교육의 기원이 된 소크라테스의 수사학교, 스토아학파와 에피쿠로스학파의 본거지를 비롯해 고대 그리스 3대 비극작가인 아이스킬로스, 소포클레스, 에우리피데스, 희극작가인 아리스토파네스, 역사가 투키디데스, 그리고 철학자 아낙사고라스, 프로타고라스, 고르기아스, 메논, 소크라테스, 플라톤, 아리스토텔레스, 히피아스, 프로디코스, 히소크라테스, 안티폰, 의사 히포크라테스 등등 2제곱킬로미터의 넓이에 노예를 포함해 인구 35만 명에 불과한 도시 아테네는 유럽 문명에 지대한 영향을 미친 인물들과 문화를 그 짧은 시간에 배출해 냅니다. 러셀은 그 시대를 이렇게 묘사합니다.

"그 시대는 지성과 행복을 동시에 누리는 것이 가능했다."

소피스트,
아테네 민주주의에 꽃을 피우다

"소피스트란 몸을 파는 남자들을 말한다. 이들은 돈 때문에 원하는 사람들에게 자신의 지혜를 판다. 사람을 속이기 위해 말을 하고, 벌이를 위해 글을 쓴다. 어떤 사람에게도 쓸모가 없는 사람들이다."

소크라테스의 제자이자 아테네의 유명한 장군인 크세노폰이 한 말입니다. 플라톤도 더하면 더했지, 크세노폰의 평가와 다르지 않습니다. 오늘날 많은 사람들은 소피스트를 궤변을 늘어놓는 사람이나 지식을 파는 행상인쯤으로 생각하고 있습니다. 그것은 모두 소크라테스의 제자들이 퍼뜨린 말 때문이지요. 물론 소피스트들에게 행해진 비난과 경멸이 전혀 근거가 없는 것은 아닙니다. 그러나 고대 그리스에서 활동했던 소피스트들을 서양인들이 지금까지도 이렇게 폄하하는 것은 서양 철학사에 대한 플라톤의 영향력 때문이었습니다.

민주정치를 실시하고 델로스 동맹을 이끌어 그리스를 번영시
킨 페리클레스의 흉상. 그는 모든 시민에게 참정권을 부여하
고, 참주의 출현을 막기 위해 도편추방제를 실시하는 등 민주
정의 기초를 마련하였다.

그럼, 소피스트는 어떤 사람들이었을까요? 그들을 알려면 당시의 시
대 상황부터 이해할 필요가 있습니다. 아테네의 전성기를 이끈 페리클
레스는 자신이 귀족 출신임에도 불구하고 민주주의를 신봉하였습니
다. 그의 통치하에 아테네 민주주의는 최고로 발전하게 됩니다. 전통적
인 토지 귀족들은 점차 쇠퇴해 가고 신흥 중산층이 정치의 중심이 되었
습니다. 그중에서도 특히, 소외되었던 '다중(데모스, demos)'이 정치적 발
언권을 획득했습니다. 민주주의demokratia란 바로 '다중demos'이 '권력
kratos'을 평등하게 가지고 있다는 의미입니다. 다수의 시민이 주인인 셈
이지요. 시민은 누구나 도시국가 안에서 공동의 문제에 관한 발언권과
결정권을 공유할 권리를 가지고 있었습니다. 공동체의 권력을 원한다면
누구나 나설 수도 있었지요. 그러나 이를 위해서는 반드시 지켜야 할 게
있습니다. 어느 누구도 상대방에게 폭력을 행사하거나 또 그의 권리를

침해하지 말아야 한다는 점입니다. 이 말은 결국, 민주주의 체제에서 권력을 얻을 수 있는 합법적인 방법은 한 가지뿐임을 의미합니다. 다른 사람들에게 자신의 능력과 행동을 보여 그들이 나를 인정하도록 설득하는 것입니다.

그 같은 설득력을 갖추려면 우선 한 가지 능력이 필요합니다. 바로 웅변술입니다. 예를 들어 정치적인 문제를 놓고 시민들과 공개적으로 토론할 때, 사람들로 하여금 자신의 정치적 견해를 따르도록 설득할 수 있어야 하지요. 타인의 자유를 존중하면서도 말솜씨를 발휘해 상대방 스스로 내 견해에 동조하도록 만드는 것입니다.

일반적으로 웅변술은 저절로 되는 게 아니라 배워서 익혀야 합니다. 그 결과 민주주의는 새로운 방식의 교육을 필요로 했습니다. 공동 결정에 참여해 내 의사를 관철시킬 훌륭한 말솜씨를 교육할 필요가 생긴 것

그리스 파르테논 신전의 부조(BC 440년경). 그리스 신들이 토론하는 모습을 나타낸 것인데, 신들조차 토론에 몰두하는 장면으로 묘사할 만큼 당시의 그리스는 지적 문화의 토대 위에서 번영을 누렸다.

입니다. 이러한 교육의 필요성을 인식하고, 시대의 요구에 맞는 새로운 교육 방법을 제시하고, 그 이론을 실생활에 적용시킨 사람들이 있습니다. 바로 소피스트(지혜를 가르치는 사람)라 불리는 교사들입니다. 그들은 그리스의 여러 도시들을 다니면서 젊은이들을 모아 교육에 관한 강연을 통해 대중 연설의 요령을 가르쳤습니다. 이들 소피스트들에게 가장 중요한 활동 무대는 단연 아테네였습니다.

그런데, 소피스트들을 단순히 말 잘하는 기술만을 가르친 사람으로 생각한다면 그것은 오해입니다. 그들은 유럽 역사에 등장하는 최초의 계몽주의자였습니다. 신 중심의 전통적 세계관, 관습에 입각한 사고방식과 사회적 제약에 대해 맨 처음 도전하고, 인간과 사회에 대한 새로운 해석을 시도한 신지식인들이었지요.

그런 이유로 그리스의 젊은 세대들은 소피스트에게 열광했습니다. 그리스 젊은이들은 웅변술을 배워 정치가로서 성공하고자 하였고, 그들이 가르친 새로운 세계에 몰두하였습니다. 그러나 지금도 그렇지만, 전통을 중시하는 보수주의자들의 눈에는 소피스트의 가르침이 위험하기 짝이 없는 지적 모험에 불과해 보였겠지요. 새롭다는 것은 전통적으로 믿어 왔던 가치를 흔드는 일이니까요.

한 예로 안티폰이라는 소피스트가 있습니다. 그는 인간은 누구나 평등하게 태어났다고 주장합니다. 자연에 비추어 볼 때 태어나면서부터 고귀하거나 비천한 인간은 없다는 것이지요. 그에게는 상대가 노예든 귀족이든, 그리스인이든 비그리스인이든 자연적으로 동등합니다. 당시 그리스인들은 비그리스인들을 야만인으로 여겼습니다. 알게 모르게 그리스 중심적 사고가 팽배해 있었던 것인데, 이러한 의식은 훗날 유럽인들의 유럽 중심적 사유를 형성하는 기초가 되기도 합니다. 당연히 안티폰의 주장은 보수적인 그리스인들에게 좋게 보일 리 없었겠지요.

고르기아스의 제자인 알키다마스는 한 발 더 나아가 당시 그리스 사회의 경제적 토대였던 노예제도에 이의를 제기합니다. 그는 "신은 모든 인간을 자유롭게 놓아 두었다. 자연은 누구도 노예로 만들지 않았다."고 과감하게 주장합니다. 그에 비해 플라톤은 노예제도에 침묵하였고, 아리스토텔레스는 도시국가에 꼭 필요한 제도라고 생각했습니다. 이렇듯 소피스트들이 제기한 문제들은 인간과 사회, 법규범의 정당성, 언어 사용 등 매우 광범위한 범위에 걸쳐 있습니다.

그러나 아테네 민주주의의 자유 이념은 스파르타와의 전쟁이 깊어짐에 따라 차츰 타락의 길을 걷게 됩니다. 급기야 '고발업자'라는 신종 직업까지 생겼지요. 그들은 부자들이나 명예를 중시하는 사람들의 약점을 잡아 법정에 고발하겠다며 협박해 돈을 챙깁니다. 소송과 정치적 대립은 날로 일상화되어 갔고, 이러한 분위기에 편승해 돈을 버는 소피스트들도 다수 등장합니다. 유용한 지식을 가르치는 전문 교사에서 화술을 파는 상인으로 전락한 것입니다.

소피스트에 대한 비판자 중 가장 유명했던 이는 희극 작가 아리스토파네스였습니다. 그는 아테네의 보수적 가치를 신봉하는 사람이었습니다. 심지어 그의 눈에는 소크라테스조차 소피스트로 보였나 봅니다. 그는 〈구름〉이라는 희극에 소크라테스를 등장시켜서는 '약한 주장으로 강한 주장을 이기는 방법'인 웅변술을 돈을 받고 가르치는 악덕 소피스트로 취급합니다.

소피스트들은 학파도 아니고 같은 생각을 지닌 사람들도 아니었습니다. 소피스트는 어떤 한 분야에 깊은 지식이나 지혜를 지닌 사람을 지칭하는 당시의 표현이었습니다. 지식을 전수하고 그 대가를 받은 최초의 전문 지식인 그룹이었지요. 그들 각자는 자신이 가르치는 분야도 다르고, 관심도 다르고, 사회와 인간에 대한 생각도 달랐습니다.

그러면 최초의 소피스트로 간주할 수 있는 사람은 누구일까요? 그는 그리스인들이 '바보들이 사는 도시'라고 불렀던 압데라 출신의 프로타고라스입니다.

소피스트의 대명사, 프로타고라스

프로타고라스는 소피스트들 중 가장 유명한 사람이었습니다. 플라톤은 그가 소피스트라는 명칭을 최초로 사용했으며, 자신이 제공한 교육의 대가로 최고의 보수를 요구한 것으로 전합니다. 플라톤은 소크라테스의 입을 통해 이렇게 말합니다.

"나는 프로타고라스라는 사람을 알고 있는데, 그는 자신의 지혜를 팔아 아름다운 작품들을 만든 페이디아스의 조각가 열 명을 합친 것보다 더 많은 돈을 벌었다네."

프로타고라스가 강의를 하고 요구해 받은 금액은 100므나 정도였다고 합니다. 당시의 기술자 연봉이 4므나 정도였다고 하니 그가 수업료

최초의 소피스트로 불리는 프로타고라스의 흉상. '인간은 만물의 척도이다'라는 말에서 드러나듯이, 그는 세상의 진리, 사물에 대한 평가는 주관적이고 상대적인 것이라고 주장했다.

로 받은 액수는 정말 큰돈이었지요. 물론 모든 소피스트들이 이 정도의 금액을 받은 것은 아니었고, 능력과 교육 프로그램에 따라 달랐습니다. 더구나 상당한 액수의 돈을 지불하고 교육을 받았는데, 서비스의 질이 떨어진다면 문제가 발생했겠지요. 오늘날 고액을 지불하고 과외를 받았는데, 성적이 오르지 않으면 문제가 되듯이 말입니다.

프로타고라스는 명성만큼이나 실력을 겸비한 사람이었습니다. 어느날 그는 자신의 수업을 듣고도 돈을 내지 않는 제자에게 수업료를 청구합니다. 그러자 제자는 수업료가 터무니없이 비싸다며 첫 번째 소송 상대자로 스승을 법정에 고소했습니다. 그는 이렇게 주장했습니다.

"내가 소송에서 이기면 비싼 수업료를 내지 않아도 되고, 내가 지게되면 가르침이 잘못된 것이므로 수업료를 내지 않아도 됩니다."

그러자 프로타고라스는 이렇게 응수합니다.

"제자여, 그대는 어떻게든 수업료를 내야 될 걸세. 만일 내가 그대와의 이 다툼에서 이긴다면 그때는 내가 이겼으므로 나는 수업료를 받지않으면 안 되고, 반대로 그대가 나를 이긴다면 그때는 내가 그대를 제대로 가르쳤기 때문에 이기게 된 것이니 역시 수업료를 받지 않으면 안 될 걸세."

그는 기원전 490년경 압데라에서 태어났습니다. 그런데 당시 그리스 사람들이 생각했듯이 압데라는 '바보들이 사는 도시'는 아니었나 봅니다. '지혜'라고 불리던 데모크리토스도 이 고장 출신이니 말입니다.

프로타고라스는 어린 시절 생계를 위해 장작 나르는 일을 했는데, 한 번에 장작을 많이 나를 수 있는 도구를 개발했다고 합니다. 어느 날 그는 산에서 나무를 하고 오다가 당시에 유명했던 철학자, 데모크리토스의 눈에 띄게 됩니다. 어린 소년이었던 프로타고라스가 많은 나무들을 흐트러짐 없이 잘 묶어서 지고 오는 것을 데모크리토스는 놀란 눈으로 지켜보았습니다. 그러고는 그에게 자신의 제자가 되길 청했다고 전해집니다. 그 후 프로타고라스는 데모크리토스에게 철학을 배우고, 트라키아의 종교 사제들에게도 많은 학문들을 배웠습니다.

아테네 민주주의의 기초를 세우다

프로타고라스는 서른 살쯤부터 약 40여 년간 소피스트로 활동합니다. 그는 그리스의 여러 도시를 방문했지만, 활동의 무대는 주로 아테네였습니다. 그곳에서 그는 페리클레스와 친분을 쌓게 되고, 페리클레스가 추구했던 민주주의 이념을 이론적으로 정립했습니다. 페리클레스는 기원전 444년에 남부 이탈리아 투리이에 새로운 식민지를 건설하였는데, 그는 프로타고라스에게 부탁해 투리이 민주주의 헌법을 제정하게 하였습니다.

민주주의에 대한 가장 고전적 정의는 헤로도토스의 《역사》에서 찾을 수 있습니다. 그에 의하면, 민주주의는 모든 사람이 정치적으로 평등한 권리를 갖는다는 점에서 다른 정치체제보다 뛰어난 제도입니다. 민주주의는 시민에 의거하기 때문에, 시민들이 사전에 알지 못하거나 허가하지 않은 일을 정부가 수행할 수 없다는 것이었지요. 플라톤은 이러한 민주주의를 비판합니다. 그의 주장은 이렇습니다. 민주주의는 평등한 사람에게도, 평등하지 않은 사람에게도 똑같이 일종의 평등을 배분하는 정치체제라는 것입니다. 또한 정치에 대한 '참다운 지식'이 결핍된 시민들이 정치적 결정에 영향력을 행사할 경우에 국가의 공공선이 파괴될 가능성이 높다고 보았지요.

그와는 반대로 프로타고라스에게 인간의 정치적 능력은 단지 소수에게만 있는 게 아니라, 모든 시민이 공동으로 소유하고 있는 것이었습니다. 그는 민주주의의 토대가 되는, 정치에 대한 평등한 권리를 정당화하고자 했습니다. 한편으로는 정치적 능력이 교육을 통해 개발되고 발전될 때 비로소 민주주의적 원칙들을 수행할 평균적인 시민에 도달할 수 있을 거라고 생각했습니다. 그의 사상은 요즘 이야기되고 있는 민주 시민 교육의 원형을 보여 주고 있지요. 그는 말합니다.

"따라서 너의 나라 시민들은 그가 대장장이든 구두수선공이든 국가적 업무에 대해 의견을 제시한다는 것과, 이러한 능력은 가르칠 수 있고 또한 배울 수 있다는 것은 올바르다고 간주하고 있다."

세계의 중심에는 인간이 있다

프로타고라스의 핵심 사상은 한마디로 '인간 중심주의'와 '상대주의'입니다. 그는 "인간은 만물의 척도이다. 있는 것에 대해서 그것이 어떻게 있는 것인가에 대한 척도이고, 없는 것은 그것이 어떻게 없는 것인가에 대한 척도이다."라고 했습니다. 이 말의 의미는 인간의 의식을 넘어서는 객관적 진리란 존재하지 않는다는 뜻입니다.

모든 기준은 인간입니다. 우리 인간의 의식 안에 있으면 그것은 존재하는 것이고, 그렇지 않으면 존재하지 않는다는 것이지요. 태양계 밖에 생명체가 존재할 수도 있습니다. 그러나 그것이 우리의 의식 안에 들어오지 않는다면 없는 것과 마찬가지입니다. 결국 그것을 판단하는 주체도 인간이고 진리를 만드는 것도 인간인 것이지요.

또한, 인간은 같은 것에 대해 똑같이 느끼지 않을 수도 있습니다. 가령 목욕탕의 물이 누구에겐 뜨겁게 느껴지고, 누구에겐 미지근하게 느껴지기도 합니다. 그럴 때 우리는 누구의 느낌이 옳고 그른지 판단할 수 없습니다. 이렇듯 인간에 비추어 볼 때 지식이란 상대적인 것입니다.

프로타고라스는 어느 날 친구인 비극 작가 에우리피데스의 집에서 자신이 쓴 〈신들에 관하여〉를 직접 낭독했습니다.

"내게는 신이 존재하는지 아닌지 알 수 있는 방법이 없다. 첫째로 신의 존재를 아는 것은 매우 어려운 문제라는 점이고, 둘째로 인생이 그처럼 어려운 문제에 비해 너무나 짧다는 것이다."

그의 이러한 주장을 우리는 불가지론不可知論이라고 합니다. 신들의 존재를 알 수 없고, 인간은 그것을 파악할 수도 없다는 것이지요. 다만 불가지론은 분명 무신론과는 다릅니다. 무신론은 신의 존재를 부정하는 이론이기 때문입니다.

페리클레스가 당시 유행하던 흑사병으로 죽자, 정적들은 그와 친분이 있던 사람들을 제거하기 시작합니다. 당연히 가장 친했던 프로타고라스도 그중 한명이었습니다.

아테네 시민들은 이전에 아낙사고라스에게 그랬듯 프로타고라스를 불경죄로 고발합니다. 당시에 불경죄는 종교적이기보다는 정치적으로 더 많이 이용되었던 죄목입니다. 나중에 소크라테스도 불경죄에 걸려 사형을 당하게 되지요. 재판 결과 프로타고라스는 사형선고를 받습니다. 아테네에 있는 그의 책 모두가 수거되어 아고라에서 불태워지지요. 그는 기원전 421년에 사형을 피해 아테네를 떠났는데, 항해 중에 익사했다고 전해집니다.

1950년 이집트 멤피스의 세라페움(지하에 조영된 널방)으로 연결되는, 이른바 스핑크스 복도의 끝에서 약 11개의 조각상이 발견되었습니다. 그 조각상에는 플라톤, 헤라클레이토스, 탈레스 그리고 프로타고라스의 이름이 있었습니다. 조각상은 헬레니즘 시대에 만들어진 것으로 확인되었는데, 그만큼 프로타고라스가 헬레니즘 시대에 중요한 철학자로 간주되었다는 사실을 보여 주지요. 이후 철학사는 플라톤주의자들이 득세하면서 위대한 소피스트의 이름은 사라지고, 근대에 들어와 헤겔을 통해 그들의 중요성이 다시금 철학사에 떠오르게 됩니다.

웅변의 달인, 고르기아스

고르기아스는 기원전 480년에 이탈리아 시칠리아 섬의 레온티노이라는 곳에서 태어났습니다. 그는 엠페도클레스를 만나 제자가 되었다고 하는데, 주목받기 시작한 것은 아테네에서 활동하던 시기부터였습니다. 기원전 427년 독재정치 아래 놓였던 시라쿠사는 민주주의 국가인 레온티노이를 공격하려 했습니다. 레온티노이 시민들은 시라쿠사와 싸울 힘이 부족했기에 동맹국인 아테네에 군사적 도움을 요청하게 됩니다. 이때 사절단 단장으로 선택된 사람이 고르기아스였습니다.

고르기아스는 온통 붉은색의 옷을 입고 아테네의 아고라 광장에 모습을 드러냈습니다. 그 옆에는 레온티노이 출신의 웅변가인 테이시아스가 함께했다고 합니다. 이윽고 동맹의 필요성을 강조하는 웅변이 시작되었습니다. 아테네 사람들은 그토록 매혹적인 연설을 일찍이 들어 본 적이 없을 정도였습니다. 필로스트라토스에 따르면 고르기아스는 격정과 열정, 영감을 받은 듯한 몸짓과 고상한 음성, 문장과 문장 사이의 침묵과 갑작스런 포효, 시적인 표현과 장식적인 멋을 골고루 구사했다고 합니다. 결국 고르기아스는 아테네의 군사적 지원을 약속받습니다.

눈을 떠보니 스타가 되었다고 했던 어느 유명한 영화배우처럼 고르기아스는 하루아침에 아테네의 스타가 되었습니다. 그가 가는 곳마다 사람들이 몰려들었고, 그의 연설을 들으려 많은 청중이 객석을 메웠습니다. 또한 그에게 웅변술을 배우려고 젊은 정치 지망생들이 줄을 섰습니다. 그는 프로타고라스만큼이나 많은 돈을 받았다고 합니다. 그 당시 웅

프로타고라스와 함께 대표적인 소피스트로 꼽히는 고르
기아스는 인간 사유의 상대성과 불완전함을 주장했다.
그는 말의 힘에 주목하여 웅변술을 발전시킨 인물이다.

변술은 아테네에서도 상당히 발전했는데, 고르기아스에게는 어떤 새로
움이 있었기에 아테네 사람들을 매혹했을까요?

웅변술은 정치가가 사람들 앞에서 자신을 드러내는 도구입니다. 연설
은 말로 이루어지며 귀로 듣는 것이지만, 넓은 의미로는 눈에 보이는 것
입니다. 다시 말해 연설을 하는 정치가는 대중의 귀를 사로잡지만, 동시
에 대중은 그에게 시선을 집중하게 됩니다. 즉 그의 연설이 볼만한 가치
가 있다고 여기는 것이지요. 예를 들어 가수는 대중의 귀를 통해 자신의
음악을 들려주지만, 대중은 그가 노래를 부르는 그 순간을 보는 것입니
다. 볼만한 가치가 있는 것은 아름답습니다.

책의 서두에서 그리스 문화는 시각의 문화, 즉 바라봄의 문화라고 했
습니다. 아름다운 음악을 듣는 것이, 그들에게는 아름다운 음악을 연주
하는 그 장면을 보는 것이지요. 그렇기 때문에 웅변술 또한 아름답게 연
설을 행하는 능력이 필요한 것이고, 고르기아스는 그처럼 아름답게 연
설하는 방법을 가르쳤던 것입니다. 그는 언어 사용이 아름답게 느껴지

도록 다양한 장치를 고안하고 개발했습니다. 새로운 웅변술은 이렇게 탄생했지요.

그는 뛰어난 웅변술 덕분에 테살리아의 참주인 이아손의 초빙을 받아 갔습니다. 이때부터 테살리아 사람들은 웅변술을 '고르기아스의 기술'이라 불렀다고 합니다. 그는 다양한 도시국가들을 방문하여 자신의 웅변술을 가르쳤는데, 항상 환대를 받은 것은 아니었습니다. 아르고스라는 도시에서 연설을 한 뒤에는 그곳에서 쫓겨났고 그의 제자들은 형벌을 받았다는 이야기도 전해집니다.

고르기아스가 쓴 《비존재 또는 자연에 관하여》라는 책에 들어 있다는 내용 중에는 이런 구절이 있습니다.

"아무것도 존재하지 않는다. 무엇인가 존재하더라도 그것을 인식할 수는 없다. 무언가를 인식하더라도 그 내용을 다른 사람에게 전달할 수 없다."

세 문장으로 이루어진 이 논증은 고르기아스를 극단적인 회의주의자로 내몰았습니다. 철학사에서 이 논증에 대한 해석은 오늘날까지 많은 논쟁을 불러일으켰습니다. 그러나 어느 정도 유추는 가능한데, 그 의미는 이렇습니다.

우선 첫째 문장은 앞에 등장한 파르메니데스를 꼼꼼하게 읽었다면 대충 눈치챘을 겁니다. 바로 '있는 것은 있고, 없는 것은 없다'라는 그의 주장을 뒤집는 것이지요. 두 번째 문장은, 만약 우리가 생각하는 대상이 존재한다면 우리가 생각하는 모든 것이 존재해야 합니다. 그러나 생각할 수 있지만 실제로 존재하지 않는 것들이 있지요. 앞에서 예로 들었던 머리가 둘에 불을 뿜으며 날아다니는 용 같은 것은 생각할 수는 있어도 존재하지는 않습니다. 따라서 존재하더라도 인식의 대상이 될 수 없다고 한 것입니다.

마지막 문장은 또 이렇습니다. 우리가 알고 있는 것은 개인의 감각을 통해서 얻습니다. 이를 통해 얻는 내 경험은 다른 사람에게 전달할 수 있는 게 아니라 오직 말만 전할 수 있을 뿐이지요. 예컨대 내가 맹장 수술을 했습니다. 수술을 마치고 마취가 깨면 무척 고통스럽습니다. 친구에게 그 이야기를 전합니다. 그러나 이때 전해 줄 수 있는 것은 수술이 고통스럽다는 말뿐이지, 내가 경험한 바로 그 고통을 전할 수는 없지요.

고르기아스는 백여덟 살까지 살았다고 합니다. 장수의 비결을 묻는 사람들에게 그는 쾌락을 멀리 했기 때문이라고 대답했습니다. 그리고 마지막 죽음의 순간이 다가오자, 우리의 웅변 달인은 말합니다.

"이제 졸음이 그의 자매인 죽음에게 나를 인도하기 시작했네."

소크라테스,
나는 내가 모른다는 사실을 안다

사람들이 붐비는 아고라의 한 모퉁이에 남루한 옷차림을 하고 신발도 신지 않은 노인이 젊은 청년들과 열띤 토론을 하고 있습니다. 그들 대부분은 교육을 잘 받았고, 정치적 야망으로 가득 차 있는 귀족 자제들입니다. 아테네 민주주의 체제에서 정치적으로 성공하기 위해 당시 유행하던 웅변술도 배웠지요. 그들은 자신이 뛰어난 웅변술을 구사하고 있다고 생각했습니다. 그러나 토론이 진행될수록 도저히 이 노인의 질문에 답할 수 없게 되었습니다. 당황한 젊은이들은 그에게 욕을 하거나, 혹은 가르침을 받기 위해 그의 뒤를 따랐습니다.

어느 날 크세노폰이라는 젊은이가 거리를 걷다가 이 노인을 만났습니다. 노인이 젊은이에게 묻습니다.

"자네, 생선을 어디에서 파는지 아는가?"

"물론 시장에서 팔지요."

"그럼, 사람들이 어디서 덕을 쌓을 수 있는지 아는가?"

"잘 모릅니다만……."

"그렇다면 나를 따라와 내 말을 들어 보게."

이 노인이 바로 소크라테스이며, 크세노폰은 훗날 아테네 장군이자 문필가로 이름을 남겼습니다.

개구리란 별명을 가진 석공의 아들

소크라테스는 기원전 470년, 아테네 알로페케 지역에서 석공인 소프로니스코스와 산파인 파이나레테 사이에 태어났습니다. 당시에 석공은 꽤 괜찮은 직업에 속했기에 경제적 어려움은 없었던 듯합니다. 여유 있는 집 아이들이 그렇듯 정규교육을 받았고, 성년이 되면서 시민의 의무이자 권리인 군복무도 했을 것입니다.

크리톤은 소크라테스의 가장 친한 친구였습니다. 그는 소크라테스와 어린 시절부터 친구였으며, 소크라테스 철학의 동반자였고, 소크라테스가 독배를 마셨던 순간까지 그의 곁을 지켜 주었습니다. 크리톤은 어렸을 때 학교에서 처음 본 소크라테스의 모습을 이렇게 회상합니다.

"나는 그가 아테네에서 제일 못생긴 소년이라고 생각했다. 그러나 이 생각이 아주 옳았다고는 할 수 없다. 물론 그의 피부는 여느 아이들보다 더 꺼끌꺼끌해 보였다. 두 눈은 개구리 눈알처럼 툭 튀어나왔으며, 입술은 몹시 두꺼운 데다가 코는 마치 요람에서 잘못 비벼댄 것처럼 뭉툭했다. 학교 친구들은 그를 '개구리'라고 놀려댔다."

그러나 소크라테스는 자신의 생김새를 놀리는 아이들에게 우스갯소리로 받아넘겼습니다. 자신의 튀어나온 눈은 사방을 다 잘 볼 수 있도록 만들어졌으며, 길고 똑바른 코보다 뭉툭한 코가 냄새를 훨씬 잘 맡는다고 말입니다.

소크라테스를 말할 때 빠지지 않는 것 중 하나는 그의 부인 크산티페 이야기입니다. 지금도 그렇지만, 당시에도 유명인의 부부 생활에 대해 궁금해하는 사람들이 많았습니다. 궁금증은 소문을 만들어 내고 '발 없는 말이 천리 가는' 꼴이 되었지요. 확실한 것은, 소크라테스가 거의 쉰 살이 다 되어 크산티페와 결혼했고 세 아들을 두었는데, 막내아들은 소크라테스가 사형당한 399년에 아직도 유아였다는 사실입니다.

크산티페는 수다스러운 악처로 유명하지요. 그녀가 악처의 대명사가 된 이유는 아마 디오게네스가 전해 주는 이야기 때문일 겁니다. 누군가

소크라테스의 두상. 그는 온당한 삶의 방법을 아는 게 지식의 목적이라고 보았으며, '너 자신을 알라'는 말을 디딤돌 삼아 문답을 통해 상대의 무지를 깨닫도록 했다. 루브르박물관 소장

소크라테스에게 결혼을 해야 할지 말아야 할지 정해 달라고 부탁하자, 그는 "무엇을 선택하건 자네는 후회할 걸세!"라고 대답했다고 합니다. 또 다른 이야기는 이렇습니다. 어느 날 크산티페가 얼마나 화가 났던지 소크라테스에게 물 한 동이를 끼얹었습니다. 이에 소크라테스는 "크산티페의 천둥소리가 언젠가 소낙비로 바뀌리라는 것쯤은 알고 있었지." 라고 말했다지요.

소크라테스가 유산으로 받은 재산은 그리 많지 않았고, 돈벌이보다는 젊은이들과 토론하는 일에 평생을 보냈기에 살림을 책임진 것은 크산티페였습니다. 어려운 생활을 유지하랴 자식 세 명을 키우랴, 크산티페가 억척스러워진 것은 전적으로 소크라테스의 책임인지도 모릅니다. 사정이 이렇다 보니 소크라테스와 크산티페 사이에 의견 충돌이 잦아진 것은 너무나 당연했지요.

크세노폰은, 가족을 위한 크산티페의 헌신을 소크라테스가 고마워했다는 사실을 전해 줍니다. 어느 날 소크라테스는 장남인 람프로클레스가 어머니에게 화 나 있는 것을 보고서 어머니가 자식을 위해 고마운 일을 얼마나 많이 하는지 일일이 나열하며, 그 고마움을 모르니 올바르지 못한 사람으로 여겨질까 걱정했다고 합니다.

소크라테스는 세 번의 커다란 전투에 참가했습니다. 그가 전쟁에서 보여 준 활약상은 다른 사람들의 증언으로도 확인됩니다. 아테네 군대는 기원전 424년 델리온 전투에서 스파르타에게 크게 패해 줄행랑을 치는 상황에 몰렸습니다. 알키비아데스는 퇴각하는 상황에서도 용감하게 처신한 소크라테스에 대해 다음과 같이 전합니다.

"우리 군대가 델리온에서 패하여 후퇴할 때, 소크라테스의 모습은 참 대단했습니다. 나는 그때 기병이었고, 그분은 중무장보병이었어요. 그분은 군대가 뿔뿔이 흩어진 뒤에야 비로소 라케스와 함께 후퇴했지요. ……중략…… 그분은 당당한 모습으로 주위를 살피면서 걷고 있었습니다. 뒷걸음질을 치면서도 침착하게 적과 아군을 동시에 겨누어 보았고, 누군가 자신을 건들면 대번에 처치해 버리겠다는 듯한 모습이었지요. 그래서 이분 일행은 조금도 다치지 않고 물러설 수 있었습니다."

소크라테스는 전쟁뿐 아니라, 공적인 생활에서도 용기를 유감없이 발휘했습니다. 그는 국법과 양심에 따라 행동했고, 불의에 굴복하기보다는 당당히 죽음을 택하겠다고 아테네 시민들에게 밝혔습니다. 어느 날 30인참주 정부의 우두머리인 크리티아스가 소크라테스와 다른 네 명의 아테네 시민에게 살라미스의 레온테스를 끌고 와 사형에 처하라는 명령을 내렸습니다. 그가 민주주의를 지지했다는 이유에서였지요. 자신의 악행에 되도록 많은 사람들을 연루시킬 의도로 그 같은 명을 내린 것이었습니다. 그러나 소크라테스는 목숨이 위태롭다는 사실을 잘 알면서도 못 들은 척 명을 무시하고는 집으로 돌아갔습니다. 다행히 얼마 후 30인참주 정부는 무너지고 크리티아스도 죽고 말지요. 소크라테스는 당시 자신의 결정에 대해 이렇게 말합니다.

"그때 나는 죽음이 털끝만큼도 문제가 아니었으므로 그 어떠한 부당한 짓, 불경한 짓도 하지 않는 것, 이것만이 가장 중요한 문제라는 것을 말로써만이 아니라 행동으로써 다시 한 번 보여 주었습니다."

델포이 신탁을 통해 무지를 깨닫다

그리스인에게 델포이는 국가적 성지였습니다. 그리스인들은 해결하기 어려운 문제에 부딪히거나 혹은 일상적인 문제까지도 델포이 신탁에 의존했습니다. 델포이의 신탁은, 신탁을 필요로 하는 모든 문제에 대한 의심할 바 없는 최고의 판관이었습니다. 소크라테스는 '너 자신을 알라!'는 경구를 자주 사용했고 또한 자신의 철학의 출발점으로 삼았는데, 이 경구는 델포이 신전으로 올라가는 입구에 씌어 있었습니다. 그리스 7현 중 한 명이자 철학의 창시자인 탈레스가 한 말로 전해지고 있지요.

소크라테스는 이 경구에 따라 자신을 알려고 했고, 그러한 노력이 그를 가장 위대한 철학자로 만들었습니다. 다른 사람들에게 말로만 델포이의 신탁에 충실하라고 권한 게 아니라, 본인 자신도 삶의 결정적인 순간에 이 성지의 충고가 자신이 갈 길을 알려 줄 것이라고 굳게 믿었던 것이지요.

어느 날 소크라테스의 친구 카이레폰이 델포이에 들러 아폴론의 신탁을 청했습니다. 그가 소크라테스보다 더 지혜로운 사람에 대해 신탁을 청하자, 예언자 퓌티아는 그보다 더 지혜로운 사람은 없다고 대답했습니다. 이 신탁을 전해 들은 소크라테스는 믿기지 않았습니다. 자신은 아무런 지혜도 갖고 있지 않다고 믿어 왔기 때문입니다. 하지만 신탁을 의심할 수도 없는 노릇이지요. 왜냐하면 신이 거짓말을 한다는 것은 허용될 수 없는 일이니까요. 당시 사회에서 신성모독은 죽음에 이를 수도 있는 큰 죄였습니다. 카이레폰이 자신의 목숨을 걸고 그에게 장난을 쳤을

신탁이 내려졌던 델포이의 아폴론 신전. 그리스신화에 따르면, 제우스가 독수리 2마리를 풀어 세계의 중심을 향해 날아가게 했더니 델포이에서 만났고, 그곳을 표시한 돌을 세상의 배꼽을 뜻하는 '옴팔로스'(델포이 박물관 소재)라고 불렀다고 한다.

리는 없었지요.

신탁은 일종의 수수께끼처럼 내려지는 것이기에, 소크라테스는 신탁의 숨은 의미를 밝혀야 한다고 생각했습니다. 그러고는 아테네에서 지혜롭다고 이름난 사람들, 이를테면 소문난 정치가, 시인 그리고 장인들을 찾아가 대화를 나눠 보고자 했습니다. 이렇게 대화를 해본 결과, 그들은 자신이 지혜롭다고 믿지만 실상은 그렇지 않다는 사실을 깨닫게 되었습니다. '이중의 무지'를 겪고 있음을 소크라테스는 간파한 것이지요. 즉, 그들은 자신이 모르는 것을 안다고 생각하기 때문에, 실제로는 자신이 무지하다는 사실조차 모르고 있는 것입니다.

무지보다 더 나쁜 것은 세상에 없다는 게 소크라테스의 생각이었습니다. 그들과는 달리 소크라테스는 자신이 모르는 것을 안다고 생각하지 않았습니다. 바로 이 점에서 소크라테스는 그들보다 더 지혜로웠던 것입니다. 그것은 인간적인 지혜에 속하는 지혜로움이었습니다. 인간적인 지혜란 자신의 무지를 깨닫는 것입니다. 진정한 지혜를 소유한다는 것은 신들의 소관이며, 오직 신들에게만 가능한 일이지요.

이처럼 스스로 지혜롭다고 여기는 자들과의 대화를 통해 델포이 신전의 여사제가 내려 준 신탁은 정당하다는 게 증명되었습니다. 실제로는 모르는 것을 안다고 여기는 다른 사람들과는 달리, 소크라테스는 자신이 가지고 있지 않은 지식을 있다고 주장하지 않았다는 점에서 가장 지혜로웠던 것입니다.

소크라테스의 반어법

소크라테스가 선언한 '무지의 지知'는 모든 것을 모른다는 게 아닙니다. 그는 자신이 아테네에 살고 있고, 부인이 크산티페라는 사실 그리고 아고라로 가는 길을 알고 있습니다. 그가 무지하다고 말한 중요한 주제는 '덕'에 관한 것들입니다. '덕'은 그리스어 '아레테arete'에 대한 번역인데, 아레테를 윤리적 개념인 '덕'으로 번역하는 것은 사실 제한된 번역입니다. 아레테의 영어 번역인 virtue나 독일어 번역인 tugend도 제한된 번역이긴 마찬가지이지요. 사실 그 어떤 현대어로도 아레테에 딱 맞는 단어는 존재하지 않습니다.

모든 사물에는 그 나름의 '훌륭한 상태'나 '좋은 상태'가 있습니다. 가령 눈이 그 기능을 최고로 발휘하거나 말이 최고의 상태를 발휘해 가장 잘 달릴 때, 그것이 눈의 아레테나 말의 아레테입니다. 이렇듯 아레테는 '자신의 기능을 최대한 발휘하여 최고의 결과를 이끌어 낸다'는 의미를 가지고 있습니다. 소크라테스의 무지는 바로, 사람으로서 자신의 기능을 가장 잘 발휘할 수 있는 지식에 대한 무지를 뜻하는 것입니다. 소크라테스는 아폴론이 자신에게 부여한 과업을 성취하기 위해 스스로 무지함을 자처했습니다. 그것이 잘 알려진 '소크라테스의 반어법ironie'입니다. 그는 무지를 가장하고 순진한 태도를 취함으로써 상대가 자기보다더 현명한지를 알아내고, 또한 상대의 무지를 일깨우고자 했습니다. 그런 연유로 소크라테스는 늘 토론의 질문자 역할을 맡았습니다.

"소크라테스는 자신을 낮추면서 그가 논박하고자 하는 대화 상대에게 필요 이상으로 자기 견해를 양보했다. 이처럼 그는 말하는 바와 다른 것을 생각하며 속내를 감추는 방법, 즉 반어법을 습관적으로 사용하기를 좋아했다."

훗날 로마의 키케로가 한 설명입니다. 또한 고대 철학 연구자인 피에르 아도는 소크라테스의 반어법에 대해 이렇게 말합니다.

"소크라테스가 자신은 아무것도 모른다는, 그 한 가지만을 알고 있노라고 했을 때, 그는 앎의 전통적인 개념을 거부한 것이다. 그의 철학적 방법은 앎을 전달하는 데에, 즉 제자들의 질문에 '대답'하는 데에 있는 것이 아니라 반대로 '질문'하는 데 있었다. 앎의 이론적 내용에 관한 한, 그 자신에게는 제자들에게 말할 것도, 가르칠 것도 없었기 때문이다. 소크라테스의 반어법은 상대에게 무엇인가를 배우고자 하는 체하면서 그 상대로 하여금 스스로 잘 알고 있다고 자처하는 분야에서 무지함을 깨닫게 하는 데 있다."

그래서 당시 사람들은 소크라테스가 무엇을 가르쳤는지 알 길이 없었고, 소크라테스 자신도 누구를 가르친 적이 없다고 말하는 것입니다. 그는 가르치는 자가 아니라 묻는 자였습니다. 그의 물음은 대화 상대자가 무엇을 알도록 인도해 주지 않았습니다. 오히려 소크라테스의 대화법은 상대방으로 하여금 아포리아로, 다시 말해 앎을 설명하거나 결론지을 수 없다는 불가능성으로 이끌었지요. 아포리아란 대화법에서 해결의 방도를 찾을 수 없는 난관을 의미하는데, 이러한 불가능성이야말로 자신의 삶에 대한 의심을 가능하게 합니다.

자신과 삶에 대해 잘 알고 있다고 확신에 찬 사람은 삶을 의심하거나 돌이켜보지 않습니다. 스스로 더 이상 삶에 대해 생각하는 일은 없게 되지요. 그러나 소크라테스와 대화를 하고 나면 자신이 확신했던 삶과 행동에 대해 알 수 없는 상태에 빠집니다. 그러고는 자신을 의심하게 되고, 결국 소크라테스가 그랬던 것처럼 자신은 아무것도 모른다는 사실을 깨닫게 됩니다. 이것이 소크라테스 철학이 추구하는 삶의 방식이자, 곧 생활입니다.

그가 사용한 반어법은, 사람들이 자신의 생각을 부정하고 참된 진리의 길을 스스로 찾게 한다는 의미에서 '산파술'이라고 불리기도 합니다. 산파술이란 아이를 가진 여자가 고통을 이기고 사랑스런 아기를 낳도록 도와주는 기술이지요. 소크라테스의 어머니가 산파였듯이 그 역시 사람들이 진리와 마주하도록 도와주는 삶을 산 것은 아닐까요.

그는 단 한 권의 책도 남기지 않았지만, 소크라테스의 철학은 플라톤을 통해 우리에게 전해져 오고 있습니다. 그 밖에 다른 제자들의 언급을 통해서도 그의 철학과 삶을 더 풍부하게 이해할 수 있지요. 그중 크세노폰은《소크라테스의 회상》에서 이런 에피소드를 전해 줍니다.

한번은 소크라테스가 길을 가다가 자기 하인을 몹시 야단치고 있는 사람을 보았습니다. 소크라테스는 그에게 왜 그렇게 화를 내는지 물어보았습니다. 그는 자기 노예가 먹기만 잘하고, 아무것도 조심하지 않으며, 돈만 탐내며 아무 일도 하지 않으려 하기에 야단치고 있다고 대답했습니다. 그러자 소크라테스가 그에게 물었습니다.

"그대는 두 사람 가운데 누가 더 맞아야 하는지 지금까지 한 번이라도 생각해 보았는가? 그대인가, 아니면 그대의 하인인가?"

덕을 쌓는 것은 재산이나 직위, 명예보다도 중요하며, 심지어 죽음조차도 방해할 수 없는 인간의 본질입니다. 한편으로 소크라테스는, 악을 행하는 사람들은 선이 무엇인지 모르기 때문이라는 점을 간파했습니다. 선이 무엇인지 안다면 결코 악행을 저지를 수 없다는 게 그의 생각이었지요. 덕을 쌓고 선을 행하려면 동시에 덕이 무엇인지, 선이 무엇인지 알아야 가능합니다. 따라서 소크라테스에게 아는 것과 실천하는 것은 같은 행위입니다. 그러나 사람의 믿음은 그 옳고 그름이 확인되지 않는 경우가 적지 않습니다. 그것이 나쁜 줄 알면서 나쁜 행위를 한 사람과, 나쁜 줄 모르고 나쁜 행위를 한 사람이 있다고 합시다. 이 둘 중에 누가 더 나쁜 사람일까요? 그리고 소크라테스는 뭐라고 대답할까요?

재판, 투옥 그리고 죽음

기원전 399년에 소크라테스는 불경죄로 고소를 당합니다. 민주정파의 우두머리 아니토스의 사주를 받은 젊은 멜레토스에 의해서였습니다. 고소장의 내용은, 소크라테스가 첫째로는 국가가 인정하는 신들을 믿지 않고 새로운 신들을 끌어들였다는 점에서 법을 어겼고, 둘째로는 청년들을 타락시켰다는 것이었습니다.

그러나 이 고발에는 정치적 의도가 개입되어 있었습니다. 아테네 사람들은 다른 이들의 신앙에 대해 관심이 없었지만, 정적을 없애는 구실이 될 수만 있다면 불경죄를 이용했습니다. 아테네에서 활동한 철학자들 중에 불경죄로 사형을 언도받은 사람이 소크라테스뿐만도 아니었습니다. 이전에 아낙사고라스와 프로타고라스도 같은 이유로 고발당했지만, 그들은 사형을 피해 아테네를 탈출했습니다.

재판 진행 과정에서 소크라테스는 세 차례 변론을 합니다. 먼저 고발인들이 두 번의 연설을 통해 고발 이유를 밝히고, 여기에 소크라테스가 자기 변론으로 답을 합니다. 고발과 변론이 끝나면 500명의 재판관으로 구성된 법정이 무죄인지 유죄인지를 판결합니다. 법정은 유죄 280명 대 무죄 220명으로, 결국 소크라테스가 유죄임을 선언합니다.

재판의 두 번째 과정은 형량을 정하는 것인데, 피고인은 스스로 일정한 형량을 제안하는 권리를 가집니다. 여기에 대해 소크라테스는 오히려 자신이 아테네로부터 상을 받아야 한다고 주장하면서, 귀빈관에서 식사를 요구합니다. 소크라테스가 자신들을 '재판관님'이라고 부르지 않

126

고 '아테네 사람들'이라고 불러 가뜩이나 화가 나 있는 상태에서, 이러한 요구는 재판관들에게 자신을 놀리는 말로 들렸을 것입니다. 소크라테스도 좀 지나쳤다고 여겼는지 청중을 누그러뜨리며 벌금 1므나를 내겠다고 제안합니다. 사형 대신에 1므나를 내겠다는 소크라테스의 제안은 재판관들을 더욱 화나게 만들었습니다. 나중에는 친구들의 권유에 따라 30므나의 벌금형을 제안하는데, 이 벌금에 대해 플라톤을 포함한 그의 지인들이 보증을 섭니다.

이제 법정은 형량을 결정해야 합니다. 하지만, 정상을 참작하기에는 소크라테스가 재판관들의 심기를 너무 건드렸습니다. 재판관들은 360 대 140으로 소크라테스에게 사형을 언도합니다. 소크라테스에게 무죄

아테네의 필로파포스 언덕 아래에 있는 소크라테스 감옥. 소크라테스가 사형 직전까지 갇혀 있었다고 하나, 상징적인 명소일 뿐 실제 감옥은 아고라에 있었다.

를 선고한 재판관 중에서도 80명이 사형에 찬성한 숫자였습니다.

아테네는 소크라테스에게 사형을 선고했지만, 그가 정말 처형당할 것으로 생각한 사람은 어느 누구도 없었습니다. 당시에 사형선고를 받은 사람은 탈출하여 국외로 도피하는 게 일반적인 일이었습니다. 감옥이라는 곳도 그렇게 감시가 심하거나 엄격하지 않았습니다. 소크라테스의 경우도 예외는 아니었습니다. 감옥에 갇혀 있는 동안 소크라테스는 간수의 허락으로 친구들과 대화를 나눌 수 있었습니다. 그의 죽마고우인 크리톤은 간수를 매수해 탈출 계획까지 완벽하게 만들어 놓았습니다. 그러나 소크라테스는 탈출 권유를 단호하게 거절합니다. 오히려 소크라테스는 크리톤에게 탈옥을 시도하는 것이 정의롭지 못하다는 데 대해 토론하자고 제의합니다.

소크라테스의 주장은 이렇습니다. 한 나라의 법정 판결이 무력해지고 개인들에 의해 그 효력을 상실하게 되면 그 나라는 계속 존립할 수 없으므로, 국가의 지시를 무엇이든 이행하거나 아니면 어떤 게 정의로운지에 대해 국가를 설득해야 한다는 것입니다. 덧붙여, 누군가 국가의 판결 방식이나 운영 방식을 알고도 그 나라에 머물러 있는 것은 국가와 자연스럽게 계약과 합의를 한 것이며, 이때 탈옥은 합의를 파기하는 것이기에 정의롭지 못하다고 주장합니다. 이 같은 의견이 흔히 소크라테스가 '악법도 법'이라고 주장했다는 근거로 제시됩니다. 그러나 그는 악법을 따르라고 한 적이 없습니다. 오히려 법이 국민을 잘못되게 한다면 법에게 따져야 한다는 입장이었습니다. 소크라테스가 죽음을 선택한 것은 어쩌면 잘못된 법에 대한 저항으로 해석할 수도 있는 것이지요.

그리고 마지막 운명의 날이 밝았습니다. 아침 일찍부터 소크라테스의 친구들은 감옥 문이 열리기만을 기다렸습니다. 제자인 플라톤은 아프다는 이유로 사형 집행에 참석하지 않았습니다. 곧 있으면 사형이 집행되는데도 불구하고, 소크라테스는 가족을 집으로 돌려보낸 뒤 슬퍼하는 친구들을 위로하며 영혼의 불멸에 대해 이야기합니다. 마침내 간수가 독미나리가 든 잔을 가져오고, 소크라테스는 독을 마십니다. 독이 서서히 그의 몸을 타고 퍼졌습니다. 그리고 독이 온몸에 퍼지기 직전에 소크라테스는 한마디 유언을 남깁니다.

　"오, 크리톤, 아스클레피오스에게 닭 한 마리를 빚졌네. 내 이름으로 꼭 갚아 주게. 잊어버리지 말고."

　그 같은 최후를 마친 소크라테스가 사형선고를 받은 다음에 남긴 마지막 변론은 이렇습니다.

　제 변론은 저 자신보다는 여러분을 위한 것입니다. 저에게 유죄 판결을 내림으로써, 신이 그대들에게 주신 선물에 대해 죄를 짓지 않게 하기 위함이지요. 저를 사형에 처하신다면 여러분은 다른 사람을 찾기 어려우실 것입니다. 아주 우스꽝스러운 비유를 들자면 도시에 달라붙어 있는 저와 같은 사람을 말입니다. 크고 혈통도 좋지만 그 큰 덩치 때문에 게으르고 굼뜬 말에 달라붙어 잠들지 않도록 따끔하게 찔러대는 등에처럼, 아마도 신은 저를 도시에 달라붙게 했겠지요. 그대들 한 사람 한 사람을 일깨우고, 설득하고, 논박하는 일을 하루종일 어디에서건 하도록 말입니다.

– 플라톤, 《변론》

소크라테스는 아테네를 혈통은 좋지만 게으른 말에, 자신은 그런 말을 계속 괴롭히는 '등에'에 비유합니다. 한가하게 풀을 뜯고 있는 소를 본 적이 있을 겁니다. 그런데 소는 쉼 없이 꼬리를 저어 피를 빨아먹는 쇠파리를 쫓아냅니다. 쇠파리는 소에 비해 덩치는 턱없이 작지만, 끊임없이 소를 괴롭히고 긴장하게 만듭니다. 소크라테스 역시 덩치만 커다란 아테네를 끊임없이 괴롭혔지요. 그는 거의 하루도 빠짐없이 아고라 광장에서 사람들과 부대끼며 진정한 앎과 참된 삶에 대해 묻고 답했습니다. 비판적 지식인의 참다운 모습을 보여 준 것이지요.

소크라테스가 죽은 후 깨어 있는 많은 그리스 젊은이들이 그의 제자라고 자청했습니다. 가장 대표적인 이는 플라톤이었지만, 그 외에도 메가라학파를 창시한 에우클레이데스, 엘리스-에레트리스학파를 창시한 파이돈, 키니코스학파를 창시한 안티스테네스와 시노페의 디오게네스, 키레네학파(쾌락을 궁극적 선으로 여겼으며, 에피쿠로스학파에 영향을 주었다.)를 창시한 아리스티포스가 있었습니다. 《서양 철학사》를 저술한 힐쉬베르거는 그 같은 상황에 대해 이렇게 묻습니다.

"소크라테스의 사상이 자기의 주위에 모여 있던 사람들에게 이렇게 서로 다르게 반영되고 있다는 사실은 기묘하기 이를 데 없다. 그의 사상은 그만큼 비밀스러웠단 말인가? 또는 그렇게 풍부했다는 말인가? 또는 그만큼 미완성품이었단 말인가? 이런 서로 다른 여러 가지 사상의 방향들 중에서 어느 것이 스승의 원래적인 본질과 의도에 꼭 들어맞는 것일까?"

소크라테스는 삶의 의미에 대해 이미 누군가가 했던 이야기들을 검토

하고 비판합니다. 그는 지혜롭다는 사람들의 저작을 읽었고, 지혜로움을 자처했던 많은 사람들을 찾아다녔습니다. 그리고 지혜로움을 추구하는 젊은이들과도 끊임없이 대화했지요. 그는 아테네 젊은이들에게 똑같은 이야기를 하지 않았습니다. 사람들은 자기가 처한 상황을 우선해 가장 중요하게 생각하는 것들이 있게 마련이지요. 소크라테스가 다른 사람들과 이야기하는 출발은 바로 그들의 생각이 시작되는 지점에서였습니다. 이러한 방법으로 무엇인가 안다고 믿었던 사람들에게 실상은 아무것도 모르고 있다는 사실을 밝혔을 뿐 그 내용에 대해 가르치거나 하지는 않았습니다.

그의 제자로 자청한 많은 젊은이들이 소크라테스의 철학에서 배운 것은 바로 스스로 생각하는 방법이었습니다. 그들은 소크라테스로 인해

자크 루이 다비드가 그린 〈소크라테스의 죽음〉(1787). 독배를 마시기 직전 소크라테스가 친구와 제자들에게 마지막 말을 남기는 장면이다. 그림의 뒤쪽 계단으로 올라가고 있는 이는 악처로 유명한 크산티페이다.

자신의 무지를 깨닫고, 앎으로 향하는 길에 나설 용기를 얻었습니다. 독일의 철학자 야스퍼스는 소크라테스에 대해 이렇게 평가합니다.

"오늘날 소크라테스 없이는 철학할 수 없다. 비록 그가 먼 과거의 희미한 불빛으로만 느껴질지라도 말이다! 한 사람이 소크라테스를 어떻게 경험하느냐 하는 것은 그 사람 사유의 근본 틀을 좌우한다."

그는 소크라테스의 철학에서 자신의 철학의 길을 발견했습니다. 그가 활동하던 시기는 독일이 히틀러와 나치의 손아귀에 있던 때입니다. 그는 소크라테스에게 철학함을 배웠고, 진리를 위해 자신의 신념을 굽히지 않는 삶의 태도를 배웠습니다. 나치의 억압에도 불구하고 자신의 철학함을 실천하면서 견디었지요. 이로써 영원히 지속될 것 같았던 나치의 통치도 끝이 나고, 야스퍼스는 당시 독일에서 양심을 지켜 낸 몇 안 되는 지식인 중 하나로 독일 국민의 사랑을 받게 됩니다.

소크라테스는 '악법도 법'이라 하지 않았다

플라톤의 저서 가운데 《크리톤》은 형 집행이 임박했음을 알게 된 소크라테스와 그의 친구 크리톤이 나누는 대화로 이루어집니다. 크리톤은 친구로서 우정 어린 마음으로 소크라테스에게 탈옥을 간청하고, 소크라테스는 왜 탈옥하면 안 되는지를 설명하는 것이 전체적인 내용입니다. 먼저, 크리톤이 말합니다.

"자네가 죽는다면 그것은 내게 하나의 불운으로만 그치는 게 아니네.

나는 결코 다시는 찾을 수 없을 친구를 잃게 될뿐더러, 나와 자네를 확실히 알지 못하는 많은 사람들은 내가 돈을 쓰고자 했다면 자네를 구할 수 있었는데도 신경 쓰지 않았다고 말할 것이네. 그처럼 친구보다 돈을 더 중시한다고 손가락질을 받는 것보다 더 부끄러운 평판이 있을 수 있겠는가?"

이러한 주장은 당시 사회에 널리 통용되던 정의관에 근거한 것입니다. 당시 사람들은 '친구를 이롭게 해주고, 적들은 해롭게 하는 것'을 정의라고 여겼습니다. 하지만 대다수 사람들의 판단에 근거한 친구의 간청에 소크라테스는 이렇게 대답합니다.

"우리는 다수의 사람들이 우리에게 뭐라고 말할 것인지에 대해 그토록 주목할 게 아니라, 정의로운 것들과 정의롭지 못한 것들에 관해 전문 지식을 가진 한 사람이 진리 자체에 대해서 뭐라고 말할 것인지에 주목해야 하네."

여기에 덧붙여 소크라테스는 그저 사는 것이 아니라 '훌륭하게 사는 것'이 가장 중요하다는 원칙을 추가합니다. 훌륭하게 사는 것은 부끄럽지 않게, 즉 아름답게 사는 것이고 정의롭게 사는 것을 뜻하지요. 그리하여 '훌륭하게 사는 것과 아름답게 사는 것과 정의롭게 사는 것은 같다'라는 또 하나의 원칙을 세웁니다. 소크라테스는 이 원칙을 근거로 하여, 탈옥이 과연 정의로운 일인지 아닌지를 검토해 보자며 크리톤에게 제안하게 되는 것입니다.

그 원칙들에 대하여 크리톤의 동의를 얻어 낸 소크라테스는, 재판에서 국가를 설득시키는 데 실패한 상황에서 국법의 명을 어기고 탈옥하는 것은 동의한 내용을 지키지 않고 기만하는 것이며, 해를 끼쳐서는 안될 사람에게 해를 끼치는 것과 같다고 말합니다. 소크라테스가 언급한 정의의 원칙들은, 아테네에서 전통적으로 널리 받아들이던 당대의 정의관과는 거리가 멉니다. 소크라테스는, 정의는 그 자체로 정의로우며, 정의로운 삶이 곧 행복한 삶이라는 일관된 원칙을 가지고 있었습니다. 그는 정의를 행위의 절대 기준으로 삼고, 모든 부정의한 요소들을 배제하려 했습니다.

이러한 설명에도 크리톤이 소크라테스의 주장을 이해하지 못하자, 소크라테스는 크리톤이 이해하는 수준에 맞춰 국법과 대화하는 형식을 통해 다시금 설득을 시도합니다. 탈옥을 준비하는 입장에서, 의인화된 국법과 공동체를 상대로 자문자답하는 방식으로 상상의 대화를 시작하는 것이지요.

소크라테스여, 말해 다오. 그대는 무엇을 하려고 하는가? 그대가 하려는 이 일로써 우리 법률과 온 나라를, 그대와 관련되는 한 모두 망쳐놓으려고 생각하는 게 아닌가? 혹시 그대는 그런 나라가, 즉 일단 내려진 판결들이 아무런 힘도 쓰지 못하고 개인들에 의해 무효화되고 손상된 나라가 전복되지 않고서 여전히 존속될 수 있다고 생각하는가?

크리톤, 우리는 이 물음들이나 또는 이와 같은 부류의 다른 물음에 대해서 뭐라 대답할 것인가? 법은 일단 내려진 판결들이 효력을 갖도록 지시하고 있는데, 이것이 무너진 데 대해 어떤 사람은, 특히 변론가는 많은 것을 말할 수 있을 것이기 때문일세. 혹시 우리는 이들에 대해 '그건 나라가 우리한테 올바르지 못한 일을 했으며 판결도 잘못 내렸기 때문이다'라고 말할 것인가? 이렇게 말할 것인가, 아니면 무슨 말을 할 것인가?

앞에서도 언급했듯이 《크리톤》에서 의인화된 국법과 소크라테스 사이의 대화는 소크라테스가 '악법도 법'이라고 했다는 근거가 되고 있습니다. 그러나 소크라테스가 그런 말을 한 구절은 어디에도 없습니다. 그럼에도 그러한 오해가 생긴 것은 소크라테스의 언행이, 재판관을 향해 거침없이 공격하던 《변론》에서와 달리 국가와 법에 유화적이고 공손한 태도를 보이기 때문일 것입니다. 법 앞에서 보인 이러한 모순적 태도는 여러 가지 논쟁을 불러일으켰습니다.

역사상 많은 독재자들이 저항 세력을 누르는 데 소크라테스가 했다는 '악법도 법'이란 말을 명분으로 이용했습니다. 우리나라에서도 과거 군사독재 시절, 인류 최고의 현자인 소크라테스도 악법도 법이라고 하여 순순히 사형을 당했다는 것을 사회 교과서의 준법교육 부분에서 다루었습니다. 국가가 정한 법은 어떠한 경우라도 지켜야 한다면서 반정부 시위나 시민 불복종 운동의 정당성을 비판한 것이지요.

이에 대해 이정호 교수는 "소크라테스를 악법도 법이라고 말한 법실증주의적 준법정신의 화신으로 해석하는 것은 그가 보인 대조적인 모습 가운데 해석자에게 유리한 측면만을 강조함으로써 소크라테스의 참모습을 왜곡하는 전형적인 경우에 속한다."고 주장합니다.

두 대화편 《크리톤》과 《변론》은 소크라테스의 재판 과정과 법에 관한 소크라테스의 생각을 가장 사실적으로 표현하였고, 또한 거의 같은 시기에 쓰였습니다. 그럼에도 이들 대화편에서 드러나는 소크라테스의 생각은 매우 큰 불일치와 상호 모순적인 주장을 담고 있지요. 따라서 두 대화편을 비교하여 해석하면서 그 같은 불일치와 모순에 눈 감고 《크리톤》에서 주장했던 소크라테스의 생각을 자신의 정치적 의도에 맞게 일방적으로 보는 것은 소크라테스를 올바르게 이해하는 게 아닐 것입니다.

물론 《크리톤》에서 소크라테스는 국가와 법의 명령에 무조건 복종해야 한다는 데 동의합니다. 이것은 정의롭지 못한 법(악법)이라도 지켜야 한다는 게 그의 생각처럼 보이게 합니다. 그러나 같은 책에서 소크라테스는 '어떤 경우에도 자발적으로 정의롭지 못한 짓을 해서는 안 된다'는 원칙을 중요하게 생각합니다. 이 원칙에 따르면 정의롭지 못한 법이 있을 경우, 그 법을 지키지 말아야 합니다. 정의롭지 못한 법을 지키는 것은 정의롭지 못한 행위를 하는 것이 되기 때문이지요.

각 대화편에서 법에 대한 모순적 태도를 보였음에도 불구하고 소크라테스는 일관된 삶의 원칙, 즉 정의의 원칙에 의해 살았고 그에 반하는 어떤 것에도 복종하지 않았습니다. 그리고 앞서 살펴본 대로 소크라테스의 국법에 대한 복종 역시 그에게 '악법도 법'이라고 말한 고전적 법실증주의자'라는 혐의를 씌우는 근거가 될 수 없으며, 준법정신의 대변자로 여기게 할 수도 없습니다.

소크라테스의 법에 대한 복종은 '국법은 정의가 실현된 현실을 기반으로 한다'라는 그의 정치철학에서 나온 자연스러운 결과입니다. 만약 국가가 정의롭지 못할 때 그러한 국가가 부당한 판결을 내려 평범한 시민을 사형에 처하더라도 소크라테스가 국가와 법을 옹호했을 거라는 주장은 분명 잘못된 판단입니다. 오히려 그는 재판 과정에서 철학하는 삶의 정당성을 옹호하기 위해 스스로 죽음을 선택하였고, 죽음을 통해 재판의 부당성을 스스로 증명해 보였기 때문입니다.

플라톤의 대화편 《파이돈》은 소크라테스가 한 달 동안 감옥살이한 끝에 마침내 사형이 집행된 당일 새벽부터 저녁까지 친구들 그리고 제자들과 보낸 하루에 대한 기록입니다. 그날 다른 사람들과 나눈 대화의 내용을 당시 참석자였던 파이돈이 플리우스에 머물고 있던 에케크라테스에게 들려주는 방식으로, 일종의 액자 구조로 이루어져 있습니다.

이 대화편은 인류사에 큰 발자취를 남긴 위대한 철학자가 죽음의 순간까지도 동료들과 진지하게 토론하는 모습과, 독약을 마시고 최후를 맞이하는 모습을 감동적으로 그립니다. 그 마지막 날에 소크라테스는 사람들과 죽음 그리고 혼의 불멸성에 대해 토론합니다. 그가 그런 주제를 택한 이유는, 해질녘이 되면 독약을 마시고 모두와 사별하게 되어 있으면서도 오히려 자신을 찾아온 사람들을 위로해 주는 가장 좋은 논의거리가 될 것이라 여겼기 때문입니다.

소크라테스는 자살은 절대로 안 되며 옳지 못한 일이라고 못 박으면서도, 철학자는 누구나 죽기를 원한다는 모순적인 이야기로 논의를 시작합니다. 우선 그는 자살을 해서는 안 되는 이유에 대해 다음과 같이 말합니다.

"우리 인간들은 죄인이요, 그렇기에 감옥 문을 열고 도망갈 권리는 없다는 것일세. 나로서는 그 의미를 잘 알지는 못하겠네. 하지만 신들은 우리의 보호자이며, 우리 인간들은 신들의 소유물 가운데 하나라고 하는 것은 올바르다고 생각하네. 그렇다면 자네의 소유물 가운데 하나인 소나 당나귀가 자네의 의사표시가 있기 전에 자살한다면, 자네는 그 짐승에 대해 노여워하고 가능하다면 벌주려 하지 않겠는가? 이것을 사람의 경우에서도 생각해 보세. 신이 지금 나를 부르듯이 우리를 모두 부를 때까지 마음대로 목숨을 끊어서는 안 된다는 것이 어찌 부당하다고 하겠는가?"

주인과 당나귀의 비유를 통한 소크라테스의 논증에 모든 사람이 동의합니다. 그러나 이어서 소크라테스가 지혜를 사랑하는 자(철학자)는 기꺼이 죽으려 할 것이라고 말하자, 참석자 가운데 케베스가 의문을 제기합니다. 가장 지혜롭다는 사람들이 감독자 가운데서도 가장 훌륭한 감독자인 신들이 돌보아 주는 그 보살핌의 상태에서 벗어나 떠나면서도 언짢아하지 않는다는 것은 합리적으로 보이지 않기 때문이지요.

이러한 논리적인 질문에 소크라테스는 자신의 종교적인 신념을 밝힙니다. 선한 사람이 죽으면 그의 영혼은 신들 그리고 이미 죽은 훌륭한 사람들과 함께 머무르면서 영원한 행복을 누릴 거라고 말합니다. 마치 《성경》에 나오는 천국과 같은 곳에 머무르면서 영원토록 행복하게 보낼 수 있다는 것이지요.

내가 좋은 사람들에게로 간다는 것이 꼭 확실하다고는 할 수 없을지 모르지만, 나는 그렇게 바라고 있네. 그리고 내가 아주 좋은 주인인 신들에게로 간다는 것에 대해서는 다시 없이 굳은 확신을 가지고 있네. 그러니 나는 슬퍼할 것이 없지. 오히려 죽은 다음에는 악인에게 대해서보다 선인에게 훨씬 더 좋은 무엇이 있다고 하는 데서 큰 희망을 품고 있네.

그렇기 때문에 소크라테스에 따르면, 올바르게 지혜를 사랑한 자들은 모두 스스로 죽음을 추구한다는 것입니다. 그러니 만일 이것이 진실이라면, 온 생애를 통하여 오래도록 스스로 열망하던 죽음이 막상 자기 자신에게 닥쳤을 때 성을 낸다는 것은 이상한 짓이라는 거지요.

언젠가 죽을 수밖에 없는 인간에게 가장 커다란 두려움은 죽음입니다. 그래서 죽음은 수많은 철학자들과 종교가들에게 가장 중요한 탐구 주제였습니다. 모든 종교는 죽음을 극복하기 위한 하나의 이론을 가지고 있다는 점에서 인간의 죽음을 극복하기 위한 노력으로 간주될 수 있을 것입니다. 소크라테스도 죽음에 대해 어떤 확고한 신념을 가지고 있었습니다. 소크라테스가 재판 과정에서 죽음을 두려워하지 않고, 아테네 법정을 상대로 자신의 철학과 신념을 피력한 것도 사후에 또 다른 삶이 존재한다는 강한 믿음이 있었기 때문이지요.

소크라테스는 영혼이 죽은 후에도 지속될 것이라는 자신의 주장을 단순히 믿음이라는 방식으로 설명하기보다 논리적 근거를 통해 설명하려고 시도합니다. 이것은 아마 죽음에 대한 최초의 진지하고 철학적인 고찰일 것입니다. 그는 죽음에 대해 이렇게 정의합니다.

"죽음이란 혼이 몸에서 벗어나는 것 이외에 다른 것이 아니라고 믿는 게지? 그리고 이것이 죽음이라고, 즉 몸은 몸대로 혼에서 떨어져 나와 그 자체로만 있게 되고 혼은 혼대로 몸에서 떨어져 나와 그 자체로만 있는 것이라고 믿는 게지?"

　죽음이란 영혼과 육체가 분리되는 것이라는 그의 주장을 '심신이원론'이라고 부릅니다. 육체는 지혜를 사랑하는 자들이 참된 진리에 도달하는 데 방해가 됩니다. 우리가 어떤 참된 진리에 도달하기 위해 필요한 것은 순수한 정신의 작용입니다. 그러나 시각이나 청각 등을 비롯한 감각기관은 오히려 그것을 방해합니다. 인간의 감각기관은 불완전하기 때문이지요. 소크라테스에게 죽음이란 인생의 끝이 아니라, 가치 없는 것의 소멸과 더불어 영원한 가치를 가진 영혼의 해방을 가져오는 축복이었는지도 모르겠습니다.

플라톤,
철학의 모든 길은 플라톤으로 통한다

소크라테스는 일상생활은 물론이고, 삶과 죽음의 기로에 선 재판에서도 굴욕적 삶을 살기보다는 자신의 도덕성과 지성을 위해 죽음을 택한 위대한 인간으로 오늘날까지 큰 영향을 미치고 있습니다. 그러나 철학의 순교자이며 영원한 도덕 교사로서 소크라테스는 각 시대마다 새롭게 묘사되었습니다. 역사적으로 실존했던 진짜 모습이라기보다는 후대 사람들에 의해 그려진 측면이 크다는 것이지요.

성경에 등장하는 예수와 역사 속에 실존했던 예수를 구분하는 게 어렵듯, 후대 사람들에 의해 묘사된 소크라테스를 실존 인물과 구분하는 것도 쉬운 문제는 아닙니다. 일례로 소크라테스가 항상 훌륭한 사람으로 표현된 것은 아닙니다. 앞에서도 언급했지만, 희극 작가인 아리스토파네스는 소크라테스를 돈 받고 지식을 파는 소피스트로 조롱합니다.

이렇듯 한 인물에 대한 다양한 묘사가 소위 '소크라테스 문제'라는 논쟁 거리를 만들어 낸 배경이 되었지요.

소크라테스 문제

역사적으로 실존했던 소크라테스를 파악하기 어려운 것은 소크라테스 자신이 아무것도 저술하지 않았다는 점 때문입니다. 인류의 위대한 스승인 붓다와 공자, 그리고 예수 등과 마찬가지로 소크라테스 역시 아무 기록을 남기지 않았습니다. 성인들의 삶을 이해하기 위해 제자들과 다른 사람들의 기록에 의존할 수밖에 없듯이, 소크라테스의 삶과 철학 또한 다른 사람들의 기록을 통해 그 실체에 다가갈 수 있습니다. 그런데 소크라테스가 직접 남긴 기록이 아닌 만큼 어디까지가 소크라테스의 생각과 이론인지, 누구의 기록을 더 신뢰해야 하는지의 문제가 생기는데, 이것을 철학사상 '소크라테스 문제'라고 합니다.

소크라테스가 저술을 남기지 않은 이유는 따로 있습니다. 그것은 말과 글의 차이 때문입니다. 토론은 말로 하는 것이지요. 토론은 바로 그 순간에, 그 자리에 모인 사람들이 묻고 대답하고 반론을 제기하거나 공감하는 행위입니다. 그렇기에 토론은 살아 있는 것이지요. 그러나 글에는 이러한 생명력이 없습니다. 글에다가 질문을 던질 수도, 답변을 바랄 수도 없지요. 상호작용이 없이 오직 쓴 사람과 읽는 사람 간의 독백만 존재할 뿐입니다. 소크라테스는 말합니다.

"글쓰기에는 뭔가 기이한 점이 있으니, 그것은 사실 그림 그리기와 똑같네. 그림에서 생겨난 것들은 살아 있는 생물처럼 보이지만, 자네가 어떤 질문을 던지면 무겁게 침묵한다네. 글로 쓰인 말들도 똑같으이. 자네에게는 그것들이 마치 무언가 생각을 가지고 말하는 것처럼 보일 수도 있겠지만, 그 속에 담긴 것들 가운데 알고 싶은 것이 있어서 질문을 던져도 글은 언제나 똑같이 하나만을 가리킨다네."

그러면 소크라테스에 대한 다양한 증언과 기록 중에서 플라톤의 증언을 가장 중요하게 생각하는 이유는 무엇일까요? 일단은, 우리가 알고 있는 철학자 소크라테스의 모습은 대부분 플라톤에 의해 기록된 것이기 때문입니다. 플라톤은 평생 약 35편의 책을 남겼는데, 거의가 대화체로 서술했습니다. 대화체는 연극 대본이나 영화 시나리오와 같은 형식을

아테네 아카데미의 전경. 왼쪽 상이 플라톤이고, 오른쪽이 소크라테스다. 아테네 아카데미는 기원전 387년경에 플라톤이 아테네 교외에 설립한 아카데메이아에서 유래한다. ⓒ Sébastien Bertrand

말합니다. 플라톤이 자신의 저서를 이렇게 쓴 이유는 분명합니다. 스승인 소크라테스의 정신을 잘 반영하려 했기 때문이지요. 대화체는 비록 문자의 형식을 지니고는 있지만, 책을 읽는 독자들에게 마치 소크라테스와 그 밖의 많은 인물들과 함께 토론하는 것 같은 생생한 현장감과 긴장감을 제공합니다.

플라톤은 자신의 마지막 저작인 《법률》을 제외하고는 항상 소크라테스를 등장시킵니다. 그런데 플라톤에 의해 기록된 소크라테스를 다른 증언들보다 더 중요하게 다루는 것은 단지 풍부한 증언과 내용 때문만은 아닙니다. 그것은 후대의 그리스철학을 비롯해, 서양철학 전반에 걸쳐 가장 큰 영향을 끼친 소크라테스가 바로 플라톤이 그려 낸 소크라테스이기 때문입니다.

플라톤의 저서에 등장하는 소크라테스는 저술의 시기별로 미묘한 차이가 있습니다. 고대 철학 연구자들은 이러한 차이에 대해 플라톤 초기 저서는 소크라테스의 철학을 충실하게 기록한 것이고, 후기로 들어서면서 플라톤 자신의 철학을 스승의 입을 빌려 표현했다고 합니다. 그러나 분명한 것은 소크라테스와 플라톤을 명백하게 구분하는 것은 불가능하며, 또한 이런 구분 자체가 불필요하다는 점입니다. 소크라테스의 정신은 플라톤에 의해 살아났으며, 플라톤은 스승의 정신을 창조적으로 발전시킨 인물이기 때문이지요. 콘포드라는 유명한 고대 철학 사가는 플라톤과 스승과의 관계를 다음과 같이 말합니다.

"사상의 선구자들 가운데 몇 사람이, 스승의 참뜻을 이해하여 후대에 전하는 일을 행할 수 있는 제자를 발견한 것은 오로지 희귀한 운명의 도래에 의해서였다. ……중략…… 이와 같은 어떤 일들이 소크라테스와 플라톤 사이에 일어났다. ……중략…… 플라톤 철학의 중심적 씨앗은 진리를 얻고자 하는 정신적 열망, 도덕과 앎의 일치라는 소크라테스의 도덕관이다. 하지만 플라톤은 이 씨앗으로부터, 그 가지들을 하늘을 덮을 정도의 나무로 성장시켜 갔다."

'엄친아' 플라톤, 철학자의 길을 가다

플라톤은 기원전 428년 아테네에서 아버지 아리스톤과 어머니 페릭티오네 사이에서 출생하였습니다. 친가는 아테네를 개국한 코드로스의 후손이며, 외가는 그리스 7현 중 한 명이자 아테네 민주정의 기초를 세운 솔론의 후손입니다. 요즘으로 말하자면 미국의 케네디 대통령 정도의 명문가 출신이라고 할 수 있습니다.

그의 본명은 아리스토클레스이고 플라톤은 예명인데, 그가 태어났을 때 이마가 평평하고 넓다고 붙여진 이름으로 전해지고 있습니다. 그는 레슬링 대회에서 세 번이나 우승했다는 기록이 남아 있을 만큼 운동을 잘했고, 기병으로 전쟁에 참여하여 무공훈장도 여러 번 받았고, 문학에도 소질이 있어서 시도 잘 썼다고 합니다. 이 정도면 정말 '엄친아'의 원조쯤 되겠지요.

플라톤은 전통적 가치 체계가 무너지고 새로운 질서는 아직 요원한 시대에 살았습니다. 특히 스파르타와 아테네 사이에 벌어진 길고 긴 펠

펠로폰네소스 전쟁 때 청소년기를 보낸 플라톤은 스무 살에 소크라테스와 처음 만났고, 28세 때 그의 처형을 지켜봐야만 했다. 그는 아카데메이아를 설립해 철학 교육에 평생을 바쳤으며, 철학자가 통치하는 이상 국가를 꿈꾸었다.

로폰네소스 전쟁은 두 국가가 동시에 몰락하는 서막이었습니다. 아테네는 정치적, 도덕적으로 타락하였고 그에 환멸을 느낀 플라톤은 현실 정치와 점점 멀어져 갔습니다. 그러던 차에 플라톤을 평생 철학자의 길로 인도한 사건이 발생하였습니다. 그것은 바로 소크라테스에 대한 재판과 사형이었습니다.

소크라테스는 그의 삶에 가장 큰 영향을 준 사람이었고, 존경하는 스승이었습니다. 플라톤은 소크라테스를 스무 살에 처음 만나, 그가 죽기까지 8년간 그의 곁에서 진리를 탐구하였습니다. 그러나 아테네 시민은 소크라테스를 불경죄란 명분으로 사형에 처한 것입니다. 그가 자신의 정치 철학에서 아테네 민주주의를 비판적으로 고찰한 이유 중 하나는 바로 아테네 민주주의 하에서 스승이 사형을 당한 사건 때문이었습니다.

이 사건을 계기로 플라톤은 28살에 철학 여행을 떠나, 이집트부터 지중해 연안 국가들을 돌아다니면서 철학을 배웁니다. 그리고 엠페도클레스가 자살한 시칠리아 에트나 화산의 분화구를 보러 갔다가 자신의 생애에서 두 번째로 중요한 사람을 만나게 됩니다. 그는 디온이었습니다.

디온은 시라쿠사의 참주 디오니시오스의 처남이었습니다. 권위적이고 잔인한 디오니시오스와는 달리 디온은 이상주의자였습니다. 그는 플라톤의 명성이나 그의 정치적 견해를 잘 알고 있었기 때문에 플라톤을 초대하고자 했습니다. 그로 하여금 매형의 생각을 바꿔 훌륭한 통치자로서 보다 나은 정치를 하게 하려는 생각에서였지요. 그러나 현실은 디온의 뜻대로 되지 않았습니다. 디오니시오스는 플라톤의 올바른 조언에 화가 났고 결국 그를 노예시장에 내다 팔았지만, 다행히도 키레네 출신의 안니케리스 덕분에 고향으로 무사히 돌아올 수 있었습니다.

플라톤은 40세가 되던 해에 아카데모스(그리스신화에 나오는 아테네의 영웅)에게 헌납된 숲 근처에 자신의 철학적 이상을 실현할 학교인 아카데메이아Academy를 세웁니다. 아카데메이아는 유럽 대학의 원조 격으로, 서기 529년 로마 황제 유스티니아누스가 폐교시킬 때까지 명맥을 유지하였습니다. 학교 입구에는 "기하학을 모르는 자는 이 문에 들어설 수 없다."라는 문구가 써 있다고 전해지는데, 플라톤 철학이 수학적 엄밀함을 추구하는 것을 의미한다고 볼 수 있습니다.

그 후 플라톤은 또다시 디온의 초청으로 위험을 무릅쓰고 이탈리아 남부의 시라쿠사로 여행을 떠납니다. 두 번째 여행에서도 그의 이상적 정치 철학은 실현되지 않았고, 귀국해서는 플라톤 최고의 작품이자 인류에게 가장 중요한 저서 중 하나인 《국가》를 집필합니다. 훗날 플라톤은 세 번째로 시라쿠사를 방문하게 되는데, 이 마지막 방문은 그의 나이 77세에 이루어졌습니다. 노년에 험난한 바다 여행도 마다하지 않고 디온을 만나러 갔다는 점에서 둘의 우정이 얼마나 깊은지 알 수 있습니다.

플라톤과 디온의 우정은, 기원전 354년 디온이 플라톤의 제자 중 하나였던 칼리포스의 책략으로 암살될 때까지 계속됩니다. 예수의 제자인 유다가 예수를 배반했던 것처럼 플라톤의 제자였던 칼리포스는 스승과 자신을 신임했던 디온을 배반한 것입니다.

플라톤의 철학적 여정의 출발점은 소크라테스의 가르침이었습니다. 소크라테스의 주된 관심은 지식이 아니라 지적 겸손이었지요. 어떤 철학적 신조를 적극적으로 주장하는 대신에, 소크라테스는 자신들이 도덕, 정치, 우주에 대해서 잘 알고, 또한 그렇게 잘 아는 것을 다른 사람들에게 가르쳐 줄 수 있다며 지적 자만에 빠져 있는 당대 지식인들의 허구를 거침없이 들추어냈습니다. 여기에 플라톤은 스승의 사유를 계승하고 발전시켰을 뿐 아니라, 자신이 저술한 대화편에 스승을 주인공으로 등장시킴으로써 소크라테스에게 영원한 생명을 불어넣었습니다. 그는 우리가 진정한 지식을 획득할 수 있지만, 동시에 진정한 지식은 놀라울 정도로 도달 불가능한 영역에 있다고 주장했습니다.

완전한 세계, 이데아를 꿈꾸다

플라톤 철학을 이해하기 위해 우리가 꼭 알고 넘어가야 할 산이 있습니다. 바로 '이데아론'이라고 불리는 산입니다. 이데아는 그리스어 '이데 인idein'에서 나온 말로 원래는 보이는 것, 곧 형태나 모양을 뜻하는 말입니다. 우리는 앞에서 파르메니데스의 '존재'와 헤라클레이토스의 '변화'에 대해 살펴보았습니다. 파르메니데스는 이 세상을 불변하는 하나의 전체라고 이해하였고, 헤라클레이토스는 그와 반대로 세상은 항상 변화하고 있음을 주장했습니다. 플라톤은 이 두 철학자의 주장을 자신의 철학으로 발전시킵니다.

플라톤은 우리가 경험을 통해서 알 수 있는 세계, 즉 변화하는 '현상계'와 영원히 변화하지 않고 시간과 공간을 초월하는 '이데아(형상)'의 세계를 구분합니다. 현상계는 인간의 감각을 통해 알 수 있는 세계를 말합니다. 우리가 보고, 듣고, 만져서 알 수 있는 감각의 세계이지요.

그러나 이데아의 세계는 오직 이성을 통해서만 알 수 있습니다. '이데아'란 어떤 사물이 가지고 있는 가장 완전한 상태나 모습을 의미합니다. 가령 지나가는 개 한 마리를 보면서 우리는 그것을 고양이가 아니라 개라고 인식합니다. 왜 그럴까요? 그것은 우리가 이미 개의 이데아에 대해 알고 있기 때문입니다. 현실에서 감각을 통해 개로 인식한 것은 우리 이성이 개에 대한 이데아를 가지고 있다는 뜻이지요.

색도 마찬가지입니다. 우리는 어떤 사물을 '노랗다'고 말합니다. 하지만 단 한 번도 노랑 그 자체의 명백한 표본을 본 적이 없는데, 어떻게 그 단어의 의미를 알게 되었을까요?

예를 들어 바나나를 생각해 보세요. 우리는 바나나를 보면서 노랗다고 합니다. 우리에게 이미 '노랗다'라는 색 기준이 있지 않으면 저 싱싱

한 바나나를 노랗다고 할 수는 없습니다. 또한, 바나나는 쉽게 상하게 마련이고 결국은 검은 색을 띠다가 썩게 되어 더 이상 바나나라고 할 수 없는 물체로 변합니다. 그렇다면 노란색에서 변해 가는 바나나를 보면서 어디까지가 노란색인지 판단할 수 있는, 어떤 변하지 않는 기준이 우리에게 있어야 합니다. 그 기준을 바탕으로 기준에서 벗어날 경우에 더 이상 노란색이 아니라고 판단을 내릴 수 있는 것이지요. 그 기준이 '노랑의 이데아'입니다.

이렇듯 플라톤은 세상의 모든 것에는 완벽하고 불변하는 본보기가 따로 존재한다고 생각했습니다. 이데아들은 우리가 살고 있는 현실 세계에 존재하는 것이 아니라, 이데아의 세계에 존재합니다. 왜냐하면 현실 세계는 끊임없이 변화하기 때문입니다.

결국 플라톤에게 있어서 세계는 참된 이데아의 세계와 이데아를 나누어 갖는 현실 세계로 구분됩니다. 그것을 '실재'의 세계와 '현상'의 세계라고 하지요. 즉 우리가 살고 있는 세계는, 참된 이데아의 세계인 실재 세계를 어느 정도 나누어 가지고 있는 현상 세계입니다. 이것을 플라톤은, 이데아가 영원하고 불변하는 사물의 원형인 반면에, 현실의 사물은 그의 모사에 지나지 않는다고 설명합니다.

이데아는 사물뿐만 아니라 우리의 행동에도 있습니다. 가령 용기, 정의, 사랑, 국가 등등이 그렇습니다. 예를 들어 어떤 행동을 보고 '용기 있다'고 말합니다. 우리가 그렇게 느끼는 것은 그 행동이 참된 용기, 즉 용기의 이데아를 어느 정도 나누어 가지고 있기 때문이지요. 다만, 그 행동은 결코 용기의 이데아가 될 수는 없습니다. 왜냐하면 그 행동이 용기이기는 해도, 항상 그렇게 행동할 수는 없기 때문입니다. 우리는 용기의 이데아에 따라 그렇게 하고자 노력할 뿐입니다.

플라톤의 동굴 비유

플라톤은 이 세계가 현실과 이데아로 구분되고, 이데아가 참 세상이라는 자신의 주장을 사람들이 쉽게 이해할 거라 생각하지 않았습니다. 그래서 그는 비유를 통해 참된 이데아의 세계가 어떤 것인지, 그것을 추구하는 철학자란 어떤 사람인지 보여 줍니다.

플라톤은 인간을 어릴 때부터 어두운 동굴에 감금된 죄수에 비유합니다. 그 죄수들은 팔다리가 모두 묶여 있고, 시선은 자신들 앞의 벽에 고정되어 있습니다. 그들 뒤에는 타오르는 모닥불이 놓여 있는데, 그 앞에서 어떤 사람들이 인형과 모형들을 조종하고 있습니다. 그러나 죄수들은 이 상황을 볼 수 없지요. 그들이 볼 수 있는 것이라고는 자신들 앞의 벽에 비춰지는 인형들의 그림자뿐입니다.

플라톤은 이런 상황을 마치 우리와 처지와 같다고 말합니다. 태어나면서 경험한 세계가 동굴 안이 전부라면, 우리는 이것이 진정한 실재의 세계라고 여기며 살아갈 것입니다. 다른 세계에 대해서는 경험을 할 수 없고, 오직 경험만이 참이라고 믿는 우리는 자신의 경험치를 넘어서는 것을 믿으려 하지 않을 테니까요. 벽에 비춰진 인형과 사물만을 평생 보며 살아 온 사람들에게 있어서, 그것만이 참된 실재라는 것은 너무나도 당연해 보입니다.

동굴의 세계는 한마디로 그림자 경험에 얽매여 있는 세계입니다. 달리 말하면 자신과 세계에 대한 독선과 편견으로 말미암아 왜곡된 세계이며, 타인의 독선과 편견에 의해서도 왜곡된 세계입니다. 누군가로부터 전해 들은 이야기만을 믿고 그것이 참인지 거짓인지, 아무 생각 없이 수동적으로 받아들이는 상태이지요. 어쩌면 그들에게는 이런 상태가 정상적인 조건일 뿐만 아니라, 아무도 그로부터 탈출하려고 하지도 않습니다. 죄수들은 더 나은 상태가 있으리라고는 상상도 못 하기 때문입니다. 묶여진 사슬이 이들을 꼼짝도 못하게 할 뿐 아니라 밝은 빛조차도 직접 볼 수 있도록 허락되지 않으니까요.

그런데, 우연히 어떤 사람이 죄수의 상태에서 벗어난다고 가정해 봅시다. 결박에서 풀려나 뒤를 돌아본 동굴 안 죄수는 몹시 혼란스러울 것입니다. 이제까지 실재라고 생각했던 것들이 모두 허상이기 때문입니다. 어둠 속에서 처음으로 밝은 불빛을 바라본다면 고통스러워할지도 모릅니다. 만약에 누군가가 방금 본 실물들에 대해 묻기라도 할라치면 당혹스런 마음에 과거에 보았던 실물들의 그림자가 더 진실된 것이라고 대답할 수도 있습니다. 마치 어두운 극장에서 밝은 현실의 세계로 빠져나왔을 때 처음에는 모든 게 더 흐릿한 것처럼 말입니다. 어느 정도 시간이 지나 빛에 적응이 되고 나서야 실재의 세계를 바로 볼 수 있는 것이지요.

동굴 속 세계에서 참된 세계인 동굴 밖으로 나아가는 길이 순탄치는 않습니다. 우리는 두려움에 새로운 세상 밖으로 나아가길 주저합니다.

미지의 세상으로 선뜻 나설 엄두를 못 내는 것이지요. 그러나 결국 죄수는 용기와 호기심으로 세상 밖으로 나올 것입니다. 이제 죄수는 이 세상을 비추고, 이 세상의 모든 것을 지배하고, 이 세상 모든 것의 원인이 되는 태양을 마주보게 됩니다. 태양이 없다고 세상 또한 존재하지 않는 것은 아니지요. 그러나 태양 없는 세상은 어둠뿐입니다. 어둠 속에서는 아무것도 분간할 수 없고, 살아갈 수도 없으니까요.

태양을 본 죄수, 그는 이 세상의 참된 모습을 보았습니다. 진리를 알게 되었습니다. 그렇다면 이제 무엇을 해야 할까요? 보리수 아래서 깨달음을 얻은 붓다의 고민도 바로 이런 것이었습니다. 그 깨달음을 혼자서 즐길 것인가, 아니면 대중에게 가서 그들에게도 알려 주고 함께 즐길 것인가?

플라톤과 붓다는 똑같은 생각을 했습니다. 진리를 알게 된 자는 태양

네덜란드 화가 얀 산레담이 그린 플라톤의 동굴 비유.(1604) 큐피드 같은 조형물(그림 오른쪽 위)의 이미지가 벽면에 투사되고 있는 것을 어수선하고 어두운 분위기 속에 사람들이 지켜보고 있고, 왼쪽에는 철학자 그룹이 무언가에 대해 의견을 나누고 있다.

아래서 즐거움을 만끽하며 살아갈 수 있습니다. 그러나 자신은 비록 동굴 밖으로 나왔더라도 이내 과거에 자신이 살았던 동굴 속 사람들을 떠올리게 되지요. 그는 연민과 동정심에 휩싸이게 될 것입니다. 동굴 밖의 세상이 얼마나 아름다운지, 얼마나 눈부시게 찬란한지를 모르는 사람들에게 그것을 알려 주기 위해 다시 어둠의 동굴로 내려갑니다.

진리를 알게 된 사람은 오직 자신의 행복만을 위해 살아가지 않습니다. 그는 모든 사람이 아름다움을 함께 누려야 한다고 생각합니다. 그는 동굴 안으로 다시 돌아갈 수밖에 없습니다.

그러나 여전히 어려움은 남아 있습니다. 동굴 밖으로 나갈 때보다 상황이 더 나쁠 수도 있습니다. 밝은 곳에서 갑자기 어두운 곳으로 내려온 그는 한동안 아무것도 볼 수가 없습니다. 줄곧 동굴 안에 있던 사람들보다 현실에 눈이 더 어두워 더듬거리고 우왕좌왕하게 됩니다. 이 모습을 보며 죄수들은 그를 비웃고 조롱합니다. 동굴 밖으로 나갔다가 눈이 더 이상해져서는 함께 나갈 것을 권한다고 말입니다. 그중에 몇몇은 그의 말에 귀를 기울일 테지만, 동굴 안에서 기득권을 누리던 특권 계급은 그를 동굴 사회에 혼란을 가져오는 불순분자로 여길 겁니다. 그래서 그들은 태양을 보고 온 죄수를 할 수만 있다면 죽이려고 들 것입니다.

플라톤은 스승의 죽음을 이렇게 생각했습니다. 진리의 빛을 본 자가 진리의 세계에 대해 사람들을 설득하지만, 결국 사람들이 그를 죽였다고 말입니다.

철학자가 왕이 되어야 한다

일반적으로, 플라톤의 가장 대표적인 저서로는 《국가》라고 번역된 《폴리테이아politeia》를 들 수 있습니다. 이 제목은 원래 '정치체제'라는 뜻으로, 플라톤은 어떤 정치체제가 특정한 계층이 아니라 모든 사람들을 행복하게 할 수 있을 것인지에 대해 탐구하고 있습니다. 책에서 플라톤은 이렇게 말합니다.

"철학자들이 그들의 나라에서 왕이 되지 않는 한, 또 반대로 왕 또는 지배자로 불리는 이들이 실제로 지혜를 사랑하지 않는 한, 즉 정치권력과 철학이 하나로 합쳐지지 않는 한 국가와 인류에 있어서 나쁜 것들이 종식될 날은 없을 것이다."

이른바 플라톤의 '철인정치'에 대한 설명이지요.

우리는 정권이 바뀌면 새로운 정치가 실현될 거란 기대를 하곤 합니다. 새로운 지도자, 혹은 정부가 민생을 안정시키고 좀 더 나은 생활을 가져다줄 거라는 믿음이지요. 그러나 현실 정치는 그런 기대와는 상관없이 온갖 문제점이 사라지지 않습니다. 플라톤의 시대도 마찬가지였습니다. 정권이 바뀔 때마다 보복과 재보복이 되풀이되었고, 정적을 없애기 위한 숙청도 계속되었습니다. 귀족들이 정권을 잡으면 민주주의자들을 죽이고, 다시 민주주의자들이 정권을 잡으면 귀족들이 죽어 나가는 일들이 반복되었습니다. 스승인 소크라테스도 그런 정치 소용돌이에 휩쓸려 죽임을 당한 것입니다.

플라톤의 최대 관심은 그 같은 정치적 타락을 벗어나 가장 바람직한 형태의 사회 공동체를 찾는 데 있었습니다. 다시 말해, 가장 올바른 정치형태인 '정치의 이데아'를 찾고자 한 것이지요. 플라톤은 그 같은 이상 국가, 즉 '유토피아'를 꿈꾸었습니다. 유토피아란 말을 최초로 사용한 사람은 플라톤입니다. 훗날 영국의 인문학자 토머스 모어의 저서 《유토피아》에도 쓰인 이 말은 '어디에도 없는 곳'을 뜻합니다. 플라톤의 유토피아는 이후의 역사에서 수많은 사상가들에게 영감을 주어 가장 이상적인 국가 혹은 정치형태를 찾아 나서게 했지요.

그러면 플라톤이 생각한 유토피아는 어떤 정치형태를 가지고 있을까요? 그는 우선 국가가 최초에 어떻게 생겨났는지부터 탐구합니다. 인간은 각자 타고난 재능이 있습니다. 농사를 잘 짓는 사람과 옷을 잘 만드는 사람, 그리고 집을 잘 짓는 사람 등등이 그것입니다. 그러나 자신이 타고난 재능만 가지고는 살 수 없기 때문에 다른 사람과 협력해야 합니다. 농산물은 옷과 교환하고, 옷은 다시 집과 교환하는 식이지요. 그 같은 분업이 생기게 되고, 이것이 국가 탄생의 비밀입니다. 사람들은 차츰 더 많은 것들을 필요로 하고, 덩달아 새로운 직업을 가진 사람들이 많이 모이면서 국가의 틀이 잡히게 되는 것입니다.

그런데, 사회가 점점 커짐에 따라 불화가 일어나고 때로는 다른 국가와 전쟁도 치르게 됩니다. 이 상황에서 공동체에 속한 사람들이 모두 행복해지려면 어떤 질서가 필요할 것입니다. 플라톤은 그 질서가 '정의'라고 보았습니다. 정의로운 사회는 서로에게 도움을 주고받을 수 있고, 서로에게 해를 입히지도 않습니다.

플라톤은 정의로운 사회를 만들기 위해 인간의 영혼에 주목합니다.

토머스 모어의 《유토피아》(1518)에 실린 목판화로, 유토피아 섬의 약도를 설명하는 그림이다. 이 책은 이상사회의 모습을 통해 16세기 유럽 사회의 부패와 사유재산제의 폐해를 풍자하고 있는데, 유토피아 사상은 플라톤의 《국가》에서 그 유래를 찾을 수 있다.

그는 인간의 영혼과 국가에는 비슷한 측면이 있다고 생각했습니다. 인간의 영혼은 공통적으로 세 부분을 가지고 있는데, 무엇인가를 요구하는 욕망의 부분, 용감함 그리고 지혜입니다. 이를 바탕으로 사람은 욕망에 따라 사거나, 용감하게 살려 하거나, 혹은 지혜에 따라 삽니다. 따라서 사회에도 이러한 세 부류의 사람이 존재하게 된다고 본 것이지요. 이것을 플라톤은 그 성향에 따라 생산을 담당하는 계층, 군인 계층, 그리고 지배 계층으로 나눴습니다.

생산 계층은 수공업자나 상인, 농부들로 욕망에 따르는 사람들입니다. 이들은 국가의 의식주를 담당합니다. 한편으로 국가가 커지면서 다른 국가와 생산품을 교환하는 교역이 커지고, 강제로 뺏으려는 전쟁도 발생하게 되겠지요. 그 결과 국가는 군인들을 필요로 하게 되는데, 군인은 국가를 방어하고 감시하는 계층으로 이들은 용기를 따르는 사람입니다. 마지막 계층은 지혜를 따르는 사람들로, 그들은 국가를 복되게 통치할 수 있도록 하는 사람들입니다.

　사람은 욕망, 용감함, 지혜의 세 부분이 조화를 이뤄 다툼이 없을 때 마음의 안정과 함께 행복을 느낍니다. 그와 마찬가지로 국가의 세 계층도 서로 조화를 이룰 때 가장 안정적이며 행복할 수 있다고 플라톤은 생각했고, 이를 유지하기 위해서는 서로가 서로의 일에 간섭하지 말아야 한다고 보았습니다. 가령 생산 계층이 통치를 하려 하거나 군인 계층이 생산에 관여해서는 안 되는 거지요. 이것이 플라톤이 생각한 '정의'이며, 이러한 정의가 실현될 때가 가장 이상적인 국가라는 것입니다. 또한 플라톤은 개인이 행복한 상태를 유지하는 것은 이성의 명령에 따를 때이며, 국가의 행복도 통치자인 지혜로운 사람들의 말을 잘 따를 때 유지할 수 있다고 했습니다.

　플라톤의 이상 국가는 아테네 민주주의보다는 사실 스파르타의 정치 체제에 더 가까웠습니다. 플라톤이 보기에 민주주의란, 정치가 무엇인지도 모르는 생산 계층이 통치에 참여하여 많은 문제를 일으키는 체제에 불과합니다. 통치는, 다른 기술처럼 통치가 무엇인지 아는 사람들에 의해 이루어져야 한다는 것입니다. 배를 만들려면 배에 대한 지식과 기술이 필요하고, 집을 지으려면 집에 대한 지식과 기술이 필요하듯이 통치 또한 통치에 대한 지식과 기술을 필요로 한다는 입장이지요.

　이 같은 생각은 앞에서 소개한 프로타고라스의 민주주의론과 정면으로 배치되기는 합니다만, 플라톤은 우리가 완벽에 가까운 배와 집을 만들 수 있듯이 정의로운 국가도 그렇게 만들 수 있다고 생각했습니다. 전문가는 물건을 만들기에 앞서 설계도를 만들고, 시제품을 만든 다음, 실제의 제품을 만들게 되지요. 마찬가지로 완벽하게 정의로운 국가를 만들기 위해서는 전문가가 필요합니다. 그는 정의로운 사회질서의 설계도를 알아야 하고, 그것을 현실로 실현시킬 능력이 있어야 합니다. 다시 말해, 정의로운 국가는 국가의 이데아를 정확하게 알고 그것을 실현할 수 있는 사람을 필요로 합니다. 그들이 바로 철학자입니다.

물론, 참된 이데아의 세계를 추구하는 철학자라 하더라도 그가 타락할 가능성은 존재합니다. 그 때문에 플라톤은 통치자가 되는 철학자들에게 보통 사람이라면 실천하기 어려울 제한 목록을 제시합니다. 몇 가지 예를 들자면 우선 재산을 가져서는 안 되고, 공동의 기숙사 생활을 해야 하고, 결혼도 허락이 안 됩니다. 게다가 오랜 기간에 걸쳐 철학 교육을 받고 공공기관에서 15년 동안 봉사도 해야 합니다. 이러한 조건이 걸려 있다면 그 어느 누구도 통치자가 되려고는 하지 않겠지요? 그러나 동굴의 비유에서도 설명했지만, 지혜를 추구하는 자는 자신이 깨달은 것을 다른 사람과 공유하고자 할 것이며, 이러한 마음이 결국 통치에 나서게 할 것이라는 게 플라톤의 생각이었습니다.

플라톤은 이론만 중시하는 철학자가 아니었습니다. 그가 두 차례나 어려움을 무릅쓰고 시라쿠사를 방문한 것은 자신이 생각한 '이상 국가'를 실현하기 위해서였습니다. 물론 그의 시도는 실패했지만, 그럼에도 그의 노력은 계속됩니다. 통치력과 인성을 겸비한 철학자를 양성하여 현실 정치에 참여하도록 하는 것입니다. 그것이 아카데메이아를 설립한 목적입니다.

플라톤은 《국가》에서 통치자가 되기 위한 기나긴 교육 과정을 자세히 설명합니다. 공동체 내에서 우수한 아이들을 선발하여 스무 살이 되기 전까지 체육과 음악, 시 등 기초교육을 시킵니다. 다만, 음악과 시 교육은 감성에 빠지지 않고 용감성을 잃지 않도록 제한되어야 하며, 건강한 육체를 유지할 수 있도록 체육은 강화합니다. 이후에는 수학과 천문학, 화성학을 10년 동안 배우게 됩니다. 이렇게 해서 걸러진 소수의 예비 통치자들을 대상으로 5년간 철학 교육을 행합니다. 그런 다음 이들은 15년간 국가 하위공무원으로 봉사해야 합니다. 마침내 쉰 살이 되면, 이들 가운데 철학적 인식 중 최상에 속하는 '선의 이데아'를 바라볼 수 있는 사람을 엄격한 시험을 거쳐 선출합니다. 국가를 통치할 철인 왕은 이렇게 선택되는 것입니다.

이를 위해 플라톤은 아카데메이아에서 이데아 이론과 이데아를 인식한 철학자가 현실 정치에 참여할 수 있는 방법에 대해 모색하였습니다. 그러던 중 기원전 377년, 여든한 살의 나이로 그의 마지막 저서인 《법률》을 완성하지 못한 채 세상을 떠나지요. 그의 죽음은 평범했지만, 그가 남긴 철학은 서양 사람들의 정신 속에 여전히 살아 있습니다. 아니, 플라톤 자체가 서양철학의 역사인지도 모릅니다. 하버드 대학 교수를 지낸 현대 철학자 화이트헤드는 이런 유명한 말을 남겼습니다.

"나는 유럽 철학의 전통이 플라톤에 대한 각주로 이루어져 있다고 특징짓는 것이 가장 적확하다고 말하고 싶다. 이 말은 플라톤의 제자들이 엄청난 정열을 바쳐 스승의 글로부터 이끌어 낸 체계적인 사상을 의미하는 것이 아니라, 플라톤에게서 도처에 발견되는 근원적인 사색의 풍부함을 말하는 것이다."

플라톤에 대한 화이트헤드의 평가는 과장이 아닙니다. 플라톤의 영향력은 그의 철학적 체계에 있는 게 아닙니다. 플라톤의 '대화편'은 우리가 살면서 부딪히는 수많은 문제들에 대한 철학적 사색을 제공하는 원천과도 같습니다. 플라톤의 수제자이면서 플라톤 철학과는 다른 전통을 만들었던 아리스토텔레스에 따르면, 코린토스의 한 농부가 플라톤의 대화편 《고르기아스》를 읽고 크나큰 감명을 받은 나머지 향후 자신의 혼을 플라톤 철학을 심는 밭으로 만들기 위해 농사짓던 땅을 떠났다고 합니다. 아마도 이와 같은 사례는 수없이 많을 테지요.

현대 철학의 선구자로 평가받는 니체는 플라톤 철학에 반대한 대표적인 철학자입니다. 그러나 그는 플라톤의 중요성에 대해 누구보다도 잘 알고 있었습니다. 그는 말합니다.

"계속되는 환호 소리, 플라톤의 대화편에서 행해지는 논의와 반대 논의에서 울려 나오는 환호 소리, 이성적 사고를 새로 발명해 낸 데에 대한 환호 소리를 듣지 않는 자가 플라톤에 대해, 고대 철학에 대해 무엇을 이해하겠는가?"

아리스토텔레스,
닭이 달걀보다 먼저다

학창 시절에 몇몇 친구들과 쉽게 해결할 수 없는 문제에 대해 열띤 토론을 한 기억이 있습니다. 여러분도 마찬가지였겠지요. 그중 아직도 기억에 남는 주제는 영국의 록 밴드 레드 제플린과 딥 퍼플 중에 어느 쪽이 더 훌륭한지에 대한 토론이었습니다. 또 하나 기억나는 주제는 '닭이 먼저냐, 달걀이 먼저냐'였지요. 여러분도 다들 한번쯤은 토론 경험이 있을 테지요. 물론 토론보다는 언쟁에 가까웠을 것인데, 여러분은 어떻게 생각하세요? 이와 관련해 아리스토텔레스의 철학과 그의 생각을 먼저 살펴보겠습니다.

아리스토텔레스에 대한 고찰은 굉장한 인내심을 필요로 합니다. 왜냐하면 그의 일생은 재미없고 그가 쓴 글은 너무나도 어렵기 때문입니다. 고리타분하고 지루한 대학 교수와 그의 학설에 대해 설명해야 하니까

플라톤의 제자이기도 한 아리스토텔레스는 플라톤과 함께 그리스 최고의 사상가로 꼽힌다. 인문, 사회, 자연 등 모든 분야에 걸쳐 학문적 체계를 세웠으며, 서양철학의 내용과 방향에 큰 영향을 미쳤다. 알렉산드로스 대왕이 왕자였을 때 그의 스승이기도 했다.

저자 입장에서도 조금은 막막하게 느껴집니다. 다른 철학자들처럼 재미있는 일화가 있는 것도 아니고, 그의 철학이 플라톤처럼 생동감과 현장감이 있는 것도 아닙니다. 그는 대외적으로 일반 대중들을 위한 교양서와 내부 교재용으로 책을 썼다고 합니다. 그러나 불행히도 지금 우리가 읽을 수 있는 그의 저작은 대중을 위해 썼던 책이 아닙니다. 그 책들은 모두 소실되었지요. 현재 남아 있는 책들은 모두 그가 자신의 학교에서 가르치기 위해 쓴 강의록입니다. 강의록은 누군가를 이해시키려 쓰는 게 아닙니다. 자신만 이해하면 되는 것이지요. 그래서 그의 철학은 더욱 어렵게 느껴집니다.

분명한 것은 그는 거대한 산과 같은 존재라는 사실입니다. 높은 산을 오르려면 등산화 같은 장비와 체력, 그리고 산을 정복하겠다는 의지가 필요하시요. 아리스토텔레스의 철학을 이해하기 위해서도 마찬가지입니다. 그를 넘어서지 않고는 서양철학뿐 아니라 서양 학문에 대해 이해할 수가 없습니다. 왜냐고요? 그는 서양 학문의 모든 체계를 최초로 완성한 사람이기 때문입니다. 그는 철학자이자 동시에 학문의 계보를 완성한 사람입니다.

아리스토텔레스의 강의록은 그의 제자인 테오프라스토스에게 전해졌다가 약 200여 년간 소아시아 트로아스 지방의 스켑시스라는 곳에 보관되었습니다. 그 후 기원전 1세기경 알렉산드리아에 있는 도서관 사서인 안드로니코스에 의해 그의 저작들이 주제에 따라 구분되었습니다. 아리스토텔레스가 썼다고 전해지는 저작 목록을 살펴보면 대략 다음과 같습니다.

사고를 위한 도구에 관한 저서로는 《오르가논》, 《범주론》, 《문장론》, 《분석론》, 《토피카》, 《소피스트들의 논박》, 자연에 관한 저서로는 《자연학》, 《전체론》, 《생성과 소멸에 관하여》, 《기상학》, 《소자연론》, 《동물기》, 《동물구조론》, 《동물들의 공간 이동에 관하여》, 《동물들의 운동에 관하여》, 《동물들의 발생에 관하여》, 초월적 존재에 관한 저서로 《형이상학》, 윤리와 정치에 관련한 저서로 《니코마코스 윤리학》, 《에우데모스 윤리학》, 《정치학》, 《아테네의 헌법》, 창작에 관해서는 《수사학》, 《시학》 등이 있습니다.

이 외에 여기서 언급하지 않은 책들은 이것보다 2배는 많을 것입니다. 한 명의 철학자가 이 세상에 존재하는 모든 주제에 대해 이토록 많은 책을 썼다는 게 믿겨지지 않습니다. 다만 우리는 이 책들을 모두 다 이해할 수도, 그럴 필요도 없습니다. 아리스토텔레스의 과학에 대한 이론은 대부분 지금은 받아들여지지 않거나 폐기되었기 때문입니다. 그러나 그가 추구한 철학 정신은 오늘날에도 살아 숨 쉬고 있습니다. 그의 철학과 그가 추구한 삶이 무엇이었는지를 대충이라도 이해하는 것은 우리의 삶뿐만 아니라 공부를 위해서도 꼭 필요하겠지요. 굳이 정상이 아니더라도, 산중턱까지만 올라가도 그 산이 주는 풍치를 맛볼 수 있습니다. 아리스토텔레스라는 산을 정복하려 하기보다는 그 중턱, 아니 산 입구까지만이라도 올라와 보면 어떨까요?

아카데메이아의 떠오르는 별

아리스토텔레스는 기원전 384년, 그리스 북부의 스타게이로스에서 태어났습니다. 스타게이로스는 압데라처럼 아테네 사람들이 촌동네라고 놀리긴 했지만, 이곳은 이오니아 지역 거주민들이 만든 식민 도시였습니다. 앞에서 충분히 설명했듯이 이오니아는 철학의 발생지였지요.

그의 아버지 니코마코스는 마케도니아의 왕 아민타스 2세의 주치의였습니다. 그는 아버지 덕분에 어린 시절부터 왕실 문화에 익숙했을 것입니다. 또한 아버지가 의사였던 만큼 의술이나 자연학에 대한 이해도 남달랐을 것입니다. 그러나 부모님이 일찍 세상을 떠난 탓에 친척인 프록세노스에게 맡겨지는데, 충분한 재산을 상속받았기에 별 어려움 없이 공부를 할 수 있었고 프록세노스 또한 정성껏 아리스토텔레스를 길렀습니다.

아리스토텔레스는 열일곱 살에 철학 공부를 위해 아테네로 유학을 떠납니다. 이후 여러 학교를 전전하다가 가장 유명했던, 플라톤의 아카데

라파엘로는 〈아테네 학당〉에서 플라톤(왼쪽)과 아리스토텔레스, 이들 철학의 두 거인을 그림의 한가운데에 배치했다. 플라톤이 손가락을 들어 하늘을 가리키는 것은 이데아를 상징하는 것으로 여겨지는데, 그에 비해 아리스토텔레스의 손바닥은 '땅(현실 세계)'을 향하고 있다.

메이아에 입학하게 됩니다. 그가 입학했을 때 플라톤은 시라쿠사로 여행 중이었는데, 귀국한 다음에는 플라톤의 사랑을 한 몸에 받습니다. 플라톤은 그를 '아카데메이아의 정신'이라며 칭찬을 아끼지 않았습니다. 그의 탐구 정신은 아카데메이아에서 최고였습니다. 불철주야 학문에 정진하는 그를 보고 스승은 말합니다. "크세노크라테스에게는 채찍이 필요하지만, 아리스토텔레스에게는 고삐가 필요하다." 크세노크라테스는 나중에 아카데메이아의 학장이 된 철학자입니다.

이러한 노력으로 아리스토텔레스는 곧 학생에서 교수의 신분이 됩니다. 그는 플라톤 곁에서 20년을 함께 지냈습니다. 플라톤을 가장 잘 이해한 제자이면서 동시에 그에 대한 비판자이기도 했지요. 어쩌면 두 사람 사이의 차이는 너무나 당연한 것인지도 모릅니다. 명문귀족 출신인 스승과 부유했지만 평민 출신인 제자, 수학과 기하학 같은 정교한 세계를 꿈꾼 스승과 자연과학과 의학 같은 현상 세계에 더욱 친숙한 제자, 결국 이들의 차이는 유럽 철학 발전의 두 원동력으로 작용하게 됩니다.

플라톤이 죽고 아카데메이아는 아리스토텔레스가 아닌, 플라톤의 조카인 스페우시포스가 그 뒤를 잇습니다. 그러나 스페우시포스는 실력이 형편없는 사람이었습니다. 단지 아테네 출신이며 플라톤의 친척이란 이유로 학장이 된 것이지요. 아무리 위대한 플라톤이라도 팔은 안으로 굽었던 모양입니다. 아니면 아리스토텔레스와는 너무나 생각이 달랐기 때문일 수도 있고요. 이 일을 계기로 아리스토텔레스는 아카데메이아를 나와 자신의 길을 걷게 됩니다.

알렉산드로스 대왕의 스승이 되다

아테네를 떠난 아리스토텔레스가 맨 처음 정착한 곳은 이오니아 지방의 조그만 항구도시인 아소스입니다. 그곳 참주는 헤르미아스였는데, 아리스토텔레스는 그의 조카이자 의붓딸인 피티아스를 보고 한눈에 반했습니다. 그래서 아소스에 남아 철학을 가르치는 조건으로 그녀와의 결혼을 제안했습니다. 그의 나이 서른일곱 살 때였지요. 아리스토텔레스는 부인인 피티아스를 사랑했지만, 그녀는 그리 오래 살지 못했던 것 같습니다. 아리스토텔레스는 아소스에서 철학을 가르치다가 기원전 345년, 아소스 건너편에 있는 레스보스 섬으로 이주합니다.

그는 이곳에서 3년 정도 지내다가 마케도니아의 왕 필리포스 2세의 부름을 받습니다. 이유는 아직 열 살도 채 안 되는 아들 알렉산드로스의 가정교사가 되어 달라는 것이었습니다. 아리스토텔레스는 이미 그리스 전역에 명성을 떨치고 있었고, 왕으로서도 자신의 아버지 주치의의 아들이니 아들을 맡겨 보는 것도 나쁘진 않을 거란 생각이었겠지요. 훗날 알렉산드로스 대왕이 될 어린 왕자와 당시 최고의 철학자 아리스토텔레스 사이에 어떤 일이 있었는지는 전해지는 게 별로 없습니다. 아리스토텔레스가 알렉산드로스에게 개인적으로 써 준 《세계론》과 훗날 제자 알렉산드로스의 도움으로 세운 동물원이 하나 있다고 전해질 뿐입니다. 알렉산드로스 대왕은 그를 위해 정복한 지역의 희귀한 동물과 식물들을 보내 주었다고 합니다.

기원전 340년, 알렉산드로스는 왕이 되고 그리스 전역을 통일합니다. 아리스토텔레스는 더 이상 왕의 스승이 될 수 없었기에 다시 아테네로 귀환합니다. 그러나 그는 예전의 아리스토텔레스가 아니었습니다. 대왕의 스승이었으니 사람들도 그렇게 대우했겠지요. 이후 아리스토텔레스는 아폴론 리케이오스 신전 가까이에 '리케이온Lykeion'이라는 학교를 세웁니다. 그는 학생들과 함께 정원과 숲속을 걸어 다니면서 학문 활동을 했습니다. 걸어 다니며 학문을 익힌다는 의미에서 사람들은 그들을 '소요학파'라 불렀습니다.

이곳에서 보낸 12년이 아리스토텔레스에게는 학문적 절정기였습니다. 그는 이 시기에 대부분의 저서들을 집필했습니다. 연구를 목적으로 많은 제자들을 다른 나라에 파견 보내기도 합니다. 심지어 나일 강의 범

기원전 331년. 이소스 전투에서의 알렉산드로스 대왕을 묘사한 모자이크 벽화의 부분. 마케도니아의 필리포스 2세를 이어 20세에 왕위에 오른 그는 이 전투에서 다리우스 3세를 물리치고 페르시아 정복의 꿈을 이룬다. 이탈리아 국립 고고학박물관 소장

람을 연구하기 위해 이집트에 대규모 조사단을 파견했다고도 전해집니다. 리케이온은 현대 대학의 구조와 매우 유사했습니다. 엄격한 커리큘럼과 학생 관리, 교수와 학생들 간 공동 연구가 이루어졌고, 다양한 학문이 새롭게 만들어졌습니다.

하나하나의 장미꽃 없이는 아름다움도 없다

어떤 역사가는 플라톤이 "아리스토텔레스는 망아지가 자기를 낳아 준 부모를 차 버리듯 나를 버렸다."라고 탄식했다는 에피소드를 전합니다. 그러나 이러한 이야기는 아카데메이아 출신의 학자들이 아리스토텔레스를 비방하기 위해 퍼뜨린 소문일 가능성이 높습니다. 그가 스승인 플라톤의 철학을 비판하고 자신만의 철학을 발전시킨 것은 사실입니다. 그렇다고 스승에 대한 존경심을 버리지는 않았습니다. 그는 플라톤을 비판할 때 매우 조심스러웠습니다.

"친구(플라톤)와 진리 둘 다 소중하지만, 진리를 더 존중하는 것이 경건하다."

아리스토텔레스가 스승의 이데아론을 비판한 것은 이데아 개념 그 자체가 아니었습니다. 그 역시 플라톤 못지않게 세계의 보편자를 추구한 철학자입니다. 그가 스승을 거부한 것은, 이데아가 사물 밖에 존재한다는 사실이었습니다.

예를 들어 플라톤에 따르면, 사과는 현실 속에 있는 구체적인 사과와 사과의 이데아가 따로 존재합니다. 현실의 사과는 시간의 흐름을 따라 변화하지요. 그러나 변화하지 않고 사과의 원래 모습을 가지고 있는 것이 사과의 이데아입니다. 따라서 이데아는 사과의 보편성을 가지고 있되, 사과라는 구체적인 사물 밖에 존재하는 것입니다. 아리스토텔레스는 스승의 이 같은 이데아론에 대해 말합니다.

"이데아는 다른 사물을 인식하는, 다른 사물이 존재하는 데도 아무런 도움이 되지 않는다. 왜냐하면 이데아는 이데아에 참여한 사물에 존재하지 않기 때문이다."

그는 이데아가 사물과 떨어져 존재하는 것이 아니라 구체적인 사물 안에 존재한다고 생각했습니다. 스승이 구분해 놓은 현실 세계와 이데아의 세계를 비판하며, 이데아를 현실 세계 안으로 끌어들인 것입니다.

그는 이데아를 사물 속에 있으며, 사물을 사물답게 만들어 주는 완전성을 향한 활동의 원리로 파악합니다. 이로써 사과는 현실의 사과와 사과 이데아로 구분되는 것이 아니라, 현실의 사과 안에 이데아가 존재하게 됩니다.

이해하기 어렵지요? 그럼 이번엔 장미꽃으로 설명을 해보겠습니다. 우리 눈앞에 장미 한 다발이 있습니다. 장미 다발을 보며 장미가 아름답다는 데 대부분 동의할 겁니다. 그런데 우리는 왜 장미가 아름답다고 느끼는 걸까요? 플라톤의 설명을 따르면 장미가 아름다움의 이데아를 나누어가졌기 때문입니다. 아름다움의 이데아는 장미 안에 있는 것이 아니라 장미 밖에 존재하는 것이지요. 따라서 장미가 없어도 아름다움은 있습니다. 그에 비해 아리스토텔레스는 장미가 아름다운 것은 장미가 가지고 있는 여러 속성 중에 하나라고 생각합니다. 장미 안에 다양한 속성이 있는데 그중에 아름다움도 가지고 있다는 말입니다.

"하나하나의 장미꽃 없이는 아름다움도 없다."

아리스토텔레스에게는 구체적인 현실에 존재하는 이 장미, 혹은 저 장미를 떠나서 장미의 이데아는 존재하지 않습니다. 그렇다면 이 장미 혹은 저 장미는 어떻게 있는 걸까요? 그는, 장미는 장미의 모습을 가지고 있는 '형상'과 장미를 구성하고 있는 '질료'가 결합한 것이라고 설명합니다. 결국 현실의 모든 사물은 형상과 질료의 복합체지요. 의자는 의자라는 모습을 가지고 있는 형상과 나무, 철재, 플라스틱 같은 질료의 복합체입니다.

그런데 사물이 형상과 질료의 복합체라면 더 중요한 것은 형상일까요, 아니면 질료일까요? 아리스토텔레스에 따르면 형상이 더 중요합니다. 왜냐하면 우리가 의자라고 했을 때 중요한 것은 의자의 모습이지 그것의 재료가 아니니까요. 의자가 책상과 다르게 의자일 수 있는 것은 의자의 모습, 즉 형상이 그렇기 때문입니다. 그래서 형상은 보편적이며 사물의 본질이라고 합니다. 또한 질료는 구체적 사물을 다른 사물과 구별해 고유한 것으로 만들어 줍니다. 이 의자와 저 의자가 다른 것은 질료 때문이지요. 정리하자면, 의자와 책상을 구별해 주는 것은 '형상'이며, 이 의자와 저 의자를 구별해 주는 것은 '질료'입니다.

아리스토텔레스는 구체적 사물이 따로 존재한다는 사실을 설명하기 위해 변화의 관점에서 '4원인설'을 주장합니다. 그것은 형상인, 질료인, 운동인, 목적인입니다. 다시 의자의 예로 돌아갑시다. 의자가 있기 위해서는 네 개의 원인이 있어야 합니다. 우선 나무나 플라스틱, 강철 같은 의자를 만들 재료가 필요하지요. 그것이 '질료인'입니다. 재료가 준비되어 있다면 다음은 어떤 모양으로 만들 것인가, 설계도가 필요합니다. 즉, 모습을 결정해야 합니다. 이것이 '형상인'입니다. 이렇게 재료와 모양을 결정했으면 이제는 누군가 그것을 만들어야 합니다. 그것이 '운동인'입니다. 마지막으로 의자를 만드는 목적이 있어야 하겠지요? 앉아서 공부를 할 목적으로 만들 것인지, 아니면 식사를 할 목적으로 만들 것인지를 결정해야 합니다. 그 목적에 따라 의자의 전체가 바뀔 수 있으니까요. 이것이 바로 '목적인'입니다.

존재하는 모든 것에는 목적이 있다

아리스토텔레스는 존재하는 모든 것에는 어떤 목적이 있을 것이라 생각했습니다. 인간의 행위에도 목적이 있고, 의자를 만드는 데도 목적이 있고, 자연물이나 자연현상에도 어떤 목적이 있다는 것이지요. 이처럼 모든 사물에 그것이 존재하는 목적이 있다면, 그 목적을 실현하기 위한 변화와 운동의 원리가 그 안에 담겨 있지요. 목수에 의해 의자로 변하는 나무 안에는 이미 의자의 형상이 있고, 그것이 바로 나무의 존재 목적입니다. 이때 나무는 자신의 존재 목적인 의자가 되기 위한 변화 원리를 안에 담고 있었고, 목수가 그것을 실현해 내는 것입니다. 결국 나무 안에는 의자가 들어 있었던 것입니다.

아리스토텔레스는 이러한 운동의 원리를 '현실태'와 '가능태'라는 개념으로 설명합니다. 예를 들어 여기 삼나무 한 그루가 있습니다. 삼나무는 형상과 질료의 복합체입니다. 그러나 삼나무의 질료는 다른 형상, 즉 의자의 모습을 부여받아 의자가 됩니다. 이때 삼나무는 의자의 '가능태'이고, 의자는 삼나무의 '현실태'입니다. 가능태는 현실태의 형상이 결여되어 있는 존재 상태를 말합니다. 가능태가 결여된 형상을 획득함으로써 현실태가 되는 것입니다. 바꾸어 말해, 의자의 모습을 아직 갖고 있지 않은 삼나무의 상태는 가능태이고, 나무가 의자가 된 것은 현실태입니다.

여기까지 잘 이해했다면 이제 마지막 관문을 넘으면 됩니다. 그에 따르면 현실태가 가능태보다 시간적으로도, 의미적으로도 우선합니다. 다시 의자로 돌아가 보지요. 나무라는 질료 안에는 의자의 가능성이 이미 내포되어 있습니다. 의자의 가능태로서, 나무에는 의자라는 현실태가 이미 전제되어 있지요. 그러니까 현실태가 가능태보다 의미적으로 앞서 있는 것입니다. 한 그루 삼나무에는 많은 가능태가 있습니다. 의자가 될 가능성, 조각이 될 가능성, 젓가락이 될 가능성, 책상이 될 가능성 등등 아주 많은 가능성이 있지요. 그러나 그 나무가 다른 무엇이 아니라 의자가 된 것은 이미 현실태로서 의자가 나무 안에 있기 때문이지요. 결국 시간적으로도 현실태가 가능태보다 먼저가 됩니다.

이것을 아리스토텔레스의 목적론적 사고와 함께 생각해 보지요. 앞에서 잠깐 언급했지만, 삼나무의 존재 목적은 다른 무엇이 아니라 의자이고, 가능태로서의 삼나무는 자신의 현실태인 의자를 실현할 수 있는 원리를 자체 내에 담고 있습니다.

나란히 놓여 있는 플라톤(왼쪽), 아리스토텔레스, 소크라테스의 두상으로 1~2세기경 작품을 한자리에 모았다. 페르시아 전쟁에서 펠로폰네소스 전쟁으로 이어지던 기원전 5세기, 이들은 그리스철학의 황금기를 이끌었다. 파리 루브르박물관 소장. ⓒ박석범자, 그럼 달걀이 먼저일까요, 닭이 먼저일까요? 이 문제는 무엇이 현실태이고 무엇이 가능태인지를 알면 그 답이 자명해집니다. 달걀은 가능태입니다. 달걀의 목적, 즉 달걀의 현실태는 닭이 되는 것이지요. 따라서 아리스토텔레스에 따르면, 닭이 달걀보다 먼저입니다.

목적론적 사고방식은 근대 이후에 과학의 등장으로 사라집니다. 이제 자연은 어떤 목적에 의해 만들어진 것이 아니라, 단지 인간이 이용 가능한 대상 혹은 사물에 불과합니다. 그러나 최근 발생하는 환경오염과 자연파괴는 우리 생명을 위협하는 수준에까지 이르렀습니다. 사람들은 다시 생각합니다. 돌 하나, 나무 한 그루가 가진 의미와 가치가 무엇인지, 그것이 지금 존재하는 목적은 무엇인지, 인간인 내가 살아가는 목적은 무엇인지를 말입니다.

인간은 행복을 추구하는 존재다

아리스토텔레스는 사랑하는 부인 피티아스가 죽자 집안일을 돌보던 젊은 하녀 헤르필리스와 재혼을 합니다. 그리고 둘 사이에 첫아들이 태어나지요. 그는 아들에게 자기 아버지의 이름을 따서 니코마코스라는 이름을 지어 주고, 나중에 《니코마코스 윤리학》이라는 책을 저술합니다. 이 책은 아리스토텔레스가 말년에 얻은 아들인 니코마코스에게 주는 철학적 잠언으로, 품성에 관한 도덕적인 논의들을 담았습니다.

윤리학이라는 이름이 붙은 책들은 대개 지루하지요. 윤리학은 타인과의 관계 속에서 인간의 행위가 허용되거나 금지되는 경계를 설정하는데, 그 대부분은 무엇을 해도 좋다보다는 무엇을 해서는 안 된다는 금지 조항이 더 많기 때문입니다. 게다가 그 경계는 철학자들마다 다르고 어떤 내용들은 우리의 도덕적 상식과 충돌하기도 합니다. 심하게는, 윤리학적 문제가 나의 삶과 무관해 보이기도 하고요. 그러나 《니코마코스 윤리학》은 지극히 평범한, 그러면서도 우리 모두가 관심을 가지는 질문의 답을 찾아가는 과정을 다루었습니다. 사람들은 어느 시대, 어디에 살든 '어떻게 살아야 행복한가?'라고 묻습니다. 아리스토텔레스는 이 책에서 그러한 평범한 물음에 답을 합니다. 그렇기 때문에 그의 윤리학은 지루하지 않습니다.

총 10권으로 구성된 《니코마코스 윤리학》은 인간의 "모든 행위와 선택은 어떤 좋음을 목표로 하고 있다."는 말로 시작합니다. 그가 말하는 '좋음' 가운데 가장 좋은 것은 행복(에우다이모니아, eudaimonia)입니다. 그러나 사람들마다 행복이 무엇인지에 대해 많은 이견들이 존재합니다. 어떤 사람은 즐거움이나 쾌락을 행복이라고 하고, 어떤 사람은 부나 명예를 행복이라 합니다. 또는 같은 사람이라도 상황에 따라 행복을 다르게 생각하기도 합니다. 병들었을 때는 건강을, 가난할 때는 부를, 배고플 때는 배부름을 행복이라 생각하는 것입니다.

아리스토텔레스는 이 혼란을 해결하는 방법으로 우리에게 잘 알려진 것에서부터 출발합니다. 행복에 대한 사람들의 여러 생각들을 모아놓고 그것이 과연 행복인지 아닌지를 따져 보는 것입니다.

그는 행복을 찾는 인간의 삶을 세 가지 유형으로 나눕니다. 쾌락을 추구하는 삶, 명예를 추구하는 삶 그리고 관조적인 삶이 그것입니다. 그런데 쾌락을 추구하는 삶은 진정한 행복이 아닙니다. 왜냐하면 동물들도 쾌락을 추구하기 때문입니다. 쾌락은 좋은 것들 중의 하나지, 가장 좋은 것은 아닙니다. 명예를 얻기 위해 정치적인 삶을 선택하는 사람들은 어떨까요? 명예를 얻기 위한 삶도 행복한 삶은 아닙니다. 왜냐하면 명예란, 나에게 명예를 주는 다른 사람에게 의존하는 불완전한 것이기 때문입니다.

그렇다면 행복은 어떤 걸까요? 아리스토텔레스는 행복의 조건으로 세 가지를 제시합니다.

첫째, 행복은 그 자체가 궁극적인 목적이어야 합니다. 행복해지기 위해서는 먼저 내 삶의 궁극적인 목적을 찾아야 하지요. 그런데 의술의 목적은 건강이고, 조선술의 목적은 배이듯이 세상의 많은 것들이 그 무엇을 위한 수단이지만, 행복의 목적은 그 자체로 행복해지는 것이어야 합니다. 결코 수단이 되거나 다른 무엇에 의존해서는 안 되지요. 예를 들어, 돈을 추구하는 삶은 행복한 삶이 아닙니다. 돈은 다른 것을 구입하는 수단에 불과하기 때문입니다. 목적이 아니라 수단을 추구하는 것은 행복과는 무관합니다. 부자가 꼭 행복한 것은 아니듯이 말입니다.

둘째, 행복은 활동입니다. 행복은 머릿속에 생각한 무엇이 아니라, 우리가 어떤 행동을 해서 얻어지는 결과에 대한 느낌이나 성취감입니다. 예를 들어 좋은 일을 한다고 생각해서 얻어지는 만족감이 아니라, 실제로 좋은 일을 했을 때 오는 만족감입니다. 그래서 아리스토텔레스는 "좋은 일은 알아도 그것을 실천하지 않는 사람이 너무나 많다."라고 말합니다. 가난한 사람에게 자비를 베푼다고 생각하는 게 아니라 실제로 가난한 사람들에게 자비를 베풀 때 오는 감정이 행복이지요. 그래서 행복은 반복적으로도 가능합니다.

셋째, 행복은 인생 전체에 걸친 활동입니다. 행복한 삶은 어느 순간에 맛보는 쾌감 같은 것이 아니라, 일생 전체를 통해 얻어지는 것입니다. 그는 말합니다.

"단 한 마리의 제비가 왔다고 봄이 온 것이 아닌 것처럼, 단 하루의 덕행으로 온 일생이 복되고 행복해질 수는 없다."

그렇다면 어떤 활동을 일생 동안 하면 행복해질 수 있을까요? 아리스토텔레스는 가장 '인간다운' 활동을 해야 한다고 말합니다. 도대체 무엇이 가장 인간다운 활동일까요?

이와 관련해 아리스토텔레스는 인간의 기능을 세 가지로 나누었습니다. 영양과 생식의 기능, 감각과 욕구의 기능, 이성의 기능이 그것인데, 그중 영양을 섭취하고 생명을 유지하는 기능은 인간만이 가진 것도, 가장 인간다운 활동도 아닐 겁니다. 성장하고 생명을 유지하는 기능은 식물에게도 가능하지요. 감각과 욕구의 기능 또한 인간 고유의 기능은 아닙니다. 동물들도 감각과 욕구를 느끼니까요. 그렇게 봤을 때 오직 인간만이 가진 기능은 바로 이성의 기능입니다. 따라서 이성의 기능을 가장 잘 발휘할 때가 가장 인간다운 것이며, 이때 인간은 행복해질 수 있습니다. 그것이 앞에서 말한 관조적인 삶입니다.

가진 것 하나 없어도 행복해 보이고, 모든 것을 가졌어도 불행해 보이는 사람들이 있지요? 그 차이는 자기의 삶을 어떻게 바라보는지에 달려 있을 것입니다. 이렇듯, 관조적인 삶이란 자기의 삶을 끊임없이 돌이켜 보는 것을 말합니다. 그것을 가능하게 해주는 것이 바로 이성이고, 철학은 그 도구가 되는 것이지요. 아리스토텔레스는 행복과 관련해, 이성의 기능을 잘 발휘하여 철학에 몰두하는 삶을 바람직한 것으로 평가합니다. 어쩌면 그는 철학하는 삶, 혹은 철학자가 이 세상에서 가장 행복한 사람이라고 말하고 싶었는지도 모르겠습니다.

그리고 인간에게는 이성적 기능과 함께 도덕적 기능이 있습니다. 도덕적 기능이란 어떤 상황에 대해 특정한 정서적 반응을 보이고 그에 따라 행동하는 성향으로, 흔히 말하는 덕德 같은 것입니다. 가령 진실하게 말하고 성품이 온화한 사람, 자신의 인격을 고결하게 간직할 줄 아는 자유인, 전쟁터에서는 용감하고 일상의 삶에서는 절제할 줄 아는 사람에게 덕이 있다고 볼 수 있지요. 아리스토텔레스에 따르면 도덕적 기능은 습관의 결과로 생기는데, 본성적으로 우리에게 있는 것이라면 먼저 능력을 얻고 그 후에 실천할 수 있지만, 도덕적 기능은 본성적인 것이 아니기 때문에 먼저 실천함으로써 얻을 수 있다고 말합니다.

"그러니 이렇게 정의로운 일들을 행함으로써 우리는 정의로운 사람이 되며, 절제 있는 일들을 행함으로써 절제 있는 사람이 되고, 용감한 일들을 행함으로써 우리는 용감한 사람이 되는 것이다."

그러면 도덕적 기능을 가장 잘 발휘하려면 또 어떻게 해야 할까요? 이것을 가능하게 해주는 것이 '중용'입니다. 중용이란 두 개의 극난석 행동 사이에 있는 것입니다. 너무 지나친 성향과 너무 모자란 성향의 중간인 것이지요. 예를 들어, 용기란 만용을 부리는 것과 비겁한 것 사이에 있는 도덕적 가치입니다. 만용은 겉보기에 용감해 보일 수도 있지만, 그릇된 결과를 불러오게 되고 비겁은 할 수 있음에도 피하는 것이기 때문에 도덕적 가치와는 거리가 있습니다.

한편으로 아리스토텔레스는 현실 감각도 뛰어났습니다. 행복해지기 위해서는 이성적 기능과 도덕적 기능을 최대한 발휘해야 한다고 말하면서도 현실적 조언 또한 아끼지 않습니다.

"경제적인 수단이 없을 때, 좋은 일을 하는 것은 불가능하거나 매우 어렵다. 그러므로 행복해지기 위해서는 부도 어느 정도 필요하다. 실제로 많은 일은 친구나, 재산이나, 정치적인 힘이 있을 때 성취된다. 외모가 못생겼거나, 신분이 나쁘거나, 고독하거나 자식이 없을 때는 행복할 수 없다. 불행하게도 불구의 자식을 가졌거나, 성한 자식을 가졌지만 그 자식이 죽는다면 더욱 불행할 것이다. 한마디로 말해, 인생에서 행복해지려면 어느 정도의 행운도 필요한 것이다."

《니코마코스 윤리학》에서부터 윤리학은 철학의 한 분야로 자리를 잡기 시작했습니다. 아리스토텔레스는 이 책을 통해 그리스 문명의 도덕적 세계관을 공동체적인 관점에서 자세하게 보여 줍니다. 윤리나 도덕은 이론이 아니라 개인적 삶의 실천 덕목이면서 동시에 공동체적 삶에 이로운 것이어야 하며, 특히 지도자의 위치에 있는 사람들이라면 더더욱 도덕적이고 윤리적인 품성을 갖춰야 한다고 그는 지적합니다.

기원전 323년은 아리스토텔레스가 리케이온에서 보낸 행복한 시간들이 끝나는 해였습니다. 인도로 머나먼 원정길에 나섰던 알렉산드로스 대왕이 그해에 죽었기 때문입니다. 대왕이 죽자 그리스 본토에서는 반 마케도니아 운동이 벌어졌고, 많은 도시들이 자유를 찾아 독립했습니다. 아테네도 예외는 아니었지요. 아테네 시민들은 마케도니아와 친했던 사람들을 몰아냅니다. 당연히 대왕의 스승이었던 아리스토텔레스는 그 일순위에 있었지요. 시민들은 그에게 소크라테스에게 했던 것처럼 '불경죄'란 죄명으로 소송합니다. 여기에 아리스토텔레스는 "아테네 시민들이 철학에 대해 똑같은 죄를 두 번 저지르지 않게 하기 위해서"라며 야밤에 도주하지요. 그는 어머니의 고향인 칼키스로 피신하지만, 그곳에서 고질적인 위장병으로 인해 사망합니다. 그의 나이 예순세 살 되던 해였습니다.

그가 죽은 후 리케이온 출신의 제자들이 스승의 뜻을 이어 리케이온을 유지하였습니다. 그러나 다시는 아리스토텔레스의 영광을 재현하지 못했습니다. 이후 오랫동안 아리스토텔레스의 사상은 그리스와 유럽에서 빛을 보지 못했습니다. 그의 사상은 10세기경 아라비아로 건너가 오히려 그곳에서 더 활발하게 연구되었습니다. 아리스토텔레스가 유럽 무대에 다시 등장한 것은 1225년 아리비아어로 번역된 그의 책이 라틴어로 옮겨지면서였습니다. 이때부터 토마스 아퀴나스라는 최고의 신학자를 통해 그의 사상은 유럽 지성사의 큰 기둥으로 되살아납니다. 어떤 철학자는 아리스토텔레스의 이른 죽음에 대해 이렇게 말했다고 합니다.

"그가 플라톤처럼 오래 살았다면 우리가 읽어야 할 책은 얼마나 더 많아졌을까?"

아카데메이아와 리케이온을 철학의 상반된 두 축으로 여기는 태도는 르네상스 시대 이래로 일종의 전통이 되었습니다. 이에 따르면 플라톤은 이상주의적이고, 유토피아를 꿈꾸며, 내세를 중시하는 반면에 아리스토텔레스는 현실주의적이고, 실용적이며, 상식을 중시하는 인물로 그려집니다. 그 결과 라파엘로의 〈아테네 학당〉에서도 플라톤은 가벼운 공기와 불을 상징하는 색의 옷을 입고 한 손으로 하늘을 가리키고 있으며, 아리스토텔레스는 물을 상징하는 푸른색과 땅을 상징하는 황색 옷을 입고 지면에 굳건히 서 있습니다.

영국의 시인이자 철학자인 콜리지는 "모든 사람은 아리스토텔레스주의자 아니면 플라톤주의자로 태어난다. 이것이 인간의 두 부류이며, 이 둘 외에 제삼의 부류를 생각하기란 거의 불가능하다."라고 했습니다.

20세기의 대표적인 철학자 라일은 한 발 더 나아갑니다. 그에 따르면 인간은 네 가지 이분법, 즉 녹색 대 청색, 단맛 대 짠맛, 고양이 대 개, 플라톤 대 아리스토텔레스 사이의 이분법에 기초해 두 부류로 나뉜다고 합니다. 라일은 "이것들 중 어느 하나에서 당신이 어느 쪽을 좋아하는지 말해 달라. 그러면 다른 세 가지에서 당신이 어느 쪽을 좋아하는지 알아맞히겠다."며 자주 말했다고 합니다. 그에 따르면, 이것들 중 어느 하나에서 첫 번째 것을 좋아하는 사람은 나머지 세 가지에서도 첫 번째 것을 좋아하며, 두 번째 것을 좋아하는 사람은 계속 두 번째 것을 더 좋아한다고 합니다. 물론 꼭 그렇지는 않습니다. 저는 플라톤을 더 좋아하지만 고양이보다는 개가 더 좋습니다.

아리스토텔레스가 죽은 후 그리스 사회는 새로운 시대로 접어듭니다. 헬레니즘으로 대표되는 시대이지요. 이 시대는 더 이상 플라톤과 아리스토텔레스가 이상적으로 여겼던 작은 도시 공동체를 유지할 수 없었습니다. 시민이 국가의 주인으로, 시민에 의해 국가가 운영되었던 시대는 막을 내렸고, 도시국가적 이상은 철학자들의 뇌리에서 떠났습니다. 이제 새로운 시대에 걸맞은 새로운 철학이 등장하게 됩니다. ♣

PART
3

그리스철학의 황혼,
헬레니즘 철학

헬레니즘 시대는 알렉산드로스 대왕부터 로마제국이 이집트를 병합할 때까지, 즉 기원전 4세기부터 1세기까지의 시대를 가리키는 말입니다.

알렉산드로스 대왕의 정복 원정 덕분에 그리스의 영향력은 이집트에서 인더스 강 유역까지 퍼졌고, 세계사의 새로운 시대가 활짝 열리게 되었지요. 이로써 그리스는 광대한 세계와 마주하게 됩니다. 중앙아시아, 중국, 아프리카, 서유럽 등지와 교역을 하였고 그로 인해 전통, 종교, 문화가 한데 섞이면서 서구 문명에는 큰 변화가 찾아옵니다.

알렉산드로스 대왕이 죽자, 그의 장군들은 거대한 제국을 놓고 서로 다투게 됩니다. 그 결과 세 개의 수도를 중심으로 세 왕국이 각각 형성되었습니다. 마케도니아의 펠라는 마케도니아 전역과 그리스에 영향력을 행사하였고, 이집트에는 알렉산드리아, 시리아에서는 안티오크가 있었습니다. 여기에 페르가몬 왕국과 인더스 강 유역까지 세력을 미쳤던 그리스 왕국 박트리아가 추가됩니다. 헬레니즘 시대는 기원전 30년 이집트 여왕 클레오파트라의 자살로 종말을 맞는데, 이 같은 시대 구분에는 별다른 이견이 없습니다. 카이사르 사후, 그녀는 안토니우스가 악티움 해전에서 옥타비아누스에게 패하자 스스로 목숨을 끊었지요.

거대한 제국의 건설과 그런 나라에서 산다는 것은 그리스인들에게는 분명 이상했을 것입니다. 더군다나 정치적 자유를 생명으로 여겼던 그들에게 절대군주에 의한 통치는 커다란 충격이었을 테지요. 바로 이때 등장한 철학은, 플라톤과 아리스토텔레스의 철학적 성과들을 외면한 채 새로운 삶의 태도를 추구하고자 했습니다.

그러나 도시가 자유를 빼앗겼다고 해서 철학자와 철학적 활동이 크게 위축되었다고 볼 필요까지는 없습니다. 어떤 학자들은 이 시대의 철학자들이 정치적 자유를 빼앗긴 사람들에게 내면적 삶으로의 도피를 이끌었다고도 하지만, 이러한 평가는 표면적일 뿐 아니라 사실과도 거리가 있어 보입니다.

이 시대에는 과학과 기술이 비약적으로 발전하였습니다. 특히 이집트의 알렉산드리아는, 그곳의 지배자 프톨레마이오스 1세의 영향으로 헬레니즘 문명의 중심 도시가 되었습니다. 알렉산드리아 박물관은 천문학에서 의학에 이르기까지 모든 과학적 연구의 메카였으며, 알렉산드리아 도서관에는 철학과 과학 문헌이 집대성되어 있었습니다. 우리에게 잘 알려진 과학자이자 수학자인 아르키메데스도 이 당시에 활동하였습니다. 시라쿠사의 왕 히에로 2세의 금관이 순금이 아니라는 것을 알아 낸 그의 일화는 아주 유명합니다. 그는 목욕 중에 물질의 밀도에 따라 비중이 다르다는 사실을 발견하고는 "유레카!(그리스어로 '알았다'라는 뜻)"를 외치며 뛰쳐나왔다고 하지요.

요컨대, 헬레니즘 시대의 철학이 플라톤, 아리스토텔레스와 결별하였다고 해서 철학의 방향성이 크게 변하지는 않았습니다. 단지 새로운 세계의, 새로운 삶의 양식에 대한 고민이 깊어졌습니다. 도시 공동체적 삶이 플라톤과 아리스토텔레스의 주된 관심사였다면, 헬레니즘 시대의 철학은 새로운 정치적 삶에 관심을 두었습니다. 그들은 플라톤이 그랬듯 올바른 정치를 실현하기 위해 당시의 위대한 정치가들에게 지속적으로 영향을 미칩니다. 일례로 스토아학파 철학자 블로시우스는 로마의 개혁가 티베리우스 그라쿠스에게 영향을 주었으며, 어떤 철학자들은 목숨을 걸고 로마 황제들에게 맞서기도 했습니다.

철학의 주 무대는 아테네였습니다. 당시에 유명했던 아카데메이아, 리케이온과 더불어 에피쿠로스가 세운 학교와 스토아학파의 창시자 제논이 세운 학교가 새롭게 떠올랐습니다. 학교는 아니지만 학파로서는 견유학파(키니코스학파)와 회의주의자들이 이 시대에 활동합니다.

그런데, 다양한 학파에도 불구하고 이들은 공통적으로 소크라테스의 유산을 자신의 것으로 삼았습니다. 소크라테스는 인간이 무지하기 때문에 비참, 불안, 악에 빠져 있다고 생각했고, 헬레니즘 철학자들은 이런 소크라테스의 가르침을 받아들였습니다. 악은 사물에 있는 게 아니라 인간이 그 사물에 대해 내리는 가치판단에 있다고 생각했지요. 그러므로 사람들이 가치판단을 바꿀 수 있도록 교육해야 하는데, 가치판단이 바뀌면 불안과 악이 가득한 삶에서 벗어나 평안하고 평화로운 삶을 살 수 있다는 게 주장의 요지입니다. 그들은 이것이 철학이라고 생각했습니다. 다만, 각 학파는 그러한 평안과 평화에 도달하는 방법에 대해 저마다 다른 철학적 답을 제시합니다.

이 같은 철학적 다양성이 헬레니즘 철학을 더욱 풍성하게 해주었습니다. 그중에 키니코스학파는 다른 철학자들이나 당대의 사람들과는 전혀 다른 삶을 이상적으로 여겼습니다. 그들은 기본적인 사회적 규범이나 가치를 모두 벗어던지고 뻔뻔한 짓조차 서슴지 않았습니다. 사람들은 그들을 '키니코스'라고 불렀는데, 키니코스는 '떠돌이 개'라는 의미를 가진 그리스어 '쿠온'에서 파생된 말입니다. 키니코스학파 중에서도 가장 두드러진 철학자는 단연 디오게네스였습니다.

키니코스학파,
이상적 삶이란 개처럼 사는 것이다

아테네의 아고라에 한 거지가 나타났습니다. 그는 밝은 낮인데도 등불을 켜고 이리저리 돌아다녔습니다. 그의 행동을 이상하게 여긴 사람들이 주위에 모였고, 왜 그렇게 등불을 들고 있는지 물어 보았습니다. 그가 대답합니다.

"나는 지금 사람을 찾아다니고 있다네."

사람은 많아도 참 사람은 없다는 역설을 보여 준 일화이지요. 또 한번은 그가 동상과 이야기를 나누고 있었습니다. 사람들이 다가와서 지금 동상과 무엇을 하고 있는지 물었습니다. 그는 이렇게 대답합니다.

"말이 통하지 않는 사람들과 얘기하는 걸 연습 중이오."

언젠가는 파르메니데스를 추종하는 한 철학자가 사람들과 토론을 할 때였습니다. 그 철학자는 운동이란 존재하지 않는다고 역설하자, 옆에 있던 거지는 묵묵히 자리에서 일어나 사람들 사이를 헤치며 걸어 나갔다고 합니다. 이 거지는 키니코스학파의 디오게네스였습니다. 그는 자신의 철학적 주장을 단지 행동으로써 보여 준 것입니다.

수천 년 철학의 역사에는 수많은 철학자들이 등장합니다. 그러나 주류를 이루었던 철학자들보다는 비주류에 속한 철학자들의 이야기가 훨씬 재미있습니다. 그들은 주류 철학자들을 비꼬고, 그들을 긴장하게 만듭니다. 이에 맞서 주류 철학자들은 자신의 이론을 지키기 위해 더 많은 노력을 하게 되지요. 이것이 결국 주류 철학의 발전을 이끕니다. 그 같은 철학의 이단아들 중 가장 독특했던 이들은 단연 키니코스학파 사람들이었습니다. 그들은 자신이 믿었던 이상적 삶으로서의 자유와 독립적 삶을 몸소 실천했습니다. 그들의 삶이 곧 철학이었지요.

터키 시노프에 있는, 등불을 들고 개와 함께 서 있는 디오게네스의 모습. 키니코스란 말이 떠돌이 개를 뜻하는 쿠온에서 파생된 것처럼, '개 같은 선비'라는 뜻에서 키니코스학파를 견유犬儒학파라고도 한다. ⓒ Tony f

디오게네스, '진짜 개'를 만나다

디오게네스는 오늘날 터키 북부의 흑해 연안에 위치한 시노페 출신입니다. 그는 히케시오스의 아들로 기원전 404년에 태어났습니다. 아버지는 환전소를 운영하였는데, 돈을 위조하다가 걸렸다고 합니다. 그래서 종신형을 받았고, 아들 디오게네스에게는 추방령이 떨어졌습니다.

재판 중에 디오게네스는 아폴론 신에게 그 탓을 돌렸다고 합니다. 그가 어느 날 델포이에 신탁을 받으러 갔는데, "어서 돌아가서 네 도시에 새로운 질서를 세우라."고 신탁이 나왔답니다. 그는 신탁의 내용을 잘 이해할 수 없었기에 일단 고향으로 돌아가서 새로운 돈을 만들기 시작했다고 변명합니다. 아무튼 자신에게 내린 벌을 그리 대단하게 여기지는 않았나 봅니다. 그는 "시노페 사람들이 내게 국외 추방령을 내렸으니, 나는 그들에게 국내 체류형을 내리노라."란 말을 남기고 아테네로 떠납니다.

디오게네스는 아테네에 오자마자 소크라테스의 제자인 안티스테네스를 만납니다. 그는 키니코스학파의 창시자로 알려져 있습니다. 디오게네스는 안티스테네스를 만나자마자 그가 추구하는 철학을 금방 간파하였고, 이내 스승으로 모십니다. 여기에도 재미있는 일화가 있습니다. 자존심이 강하고 귀찮은 것을 무엇보다 싫어한 안티스테네스는 제자를 두지 않았습니다. 그런데도 디오게네스는 매달리다시피 제자가 되길 청했지요. 그러자 안티스테네스는 몽둥이를 휘둘러 그를 쫓아내려 했습니다. 디오게네스는 겁을 먹기는커녕 오히려 머리를 내밀며 말합니다.

소크라테스의 제자로 키니코스학파를 창시한 안티스테네스의 두상. 금욕주의자였던 그는 덕德만이 최상의 가치이며, 쾌락은 기만적이어서 노력의 결과에 따르는 쾌락이 아니면 지속할 수 없다고 보았다.

"스승님, 마음껏 때려 주십시오. 그러면 뭔가 알게 될 것 같습니다. 게다가 그 몽둥이는 저를 쫓아버릴 수 있을 만큼 단단하지도 않은 것 같습니다."

그 후로 디오게네스는 안티스테네스의 제자가 됩니다. 안티스테네스는 기원전 435년경에 아테네에서 태어났습니다. 아버지는 아테네 시민이었지만 어머니가 노예라 시민 자격은 없었는데, 신분에 대해 그리 개의치 않았던 것 같습니다. 그는 소크라테스의 제자가 되었고, 나중에 뜻이 비슷한 사람들과 함께 키니코스학파를 열었다고 합니다. 사람들은 그에게 '진짜 개'라는 별명을 붙여 주었습니다.

안티스테네스는 길에서 잘 수 있도록 커다란 망토를 두 겹으로 두르고 다닌 최초의 사람이라고 전해집니다. 검소한 삶을 단적으로 보여 주는 예이기도 하지요. 그는 스승인 소크라테스가 보여 준 검소함과 속박 없는 자유로움을 이상적인 삶으로 생각하고 실천하였는데, 이렇게 말했다고 합니다.

내 생각에 재산이란 것은 물건처럼 집 안에 보관할 수 있는 물질이 아니라 사람의 마음가짐이오. 그렇지 않다면 이미 많은 재물을 가진 사람이 더 많은 재물을 쌓으려고 끊임없이 위험하고 힘들게 사는 까닭을 설명할 수 없을 것이고, 권력과 보물에 눈이 어두워 날이 갈수록 끔찍한 죄악을 저지르는 몇몇 참주들의 행동도 설명이 되지 않을 것이오. 그런 사람들은 마치 끊임없이 먹으면서도 배가 부르지 않는 사람과 다를 것이 없소. 그러나 나는 겉으로 보기에는 가난하지만, 너무나 가진 것이 많아서 내 자신도 내가 가진 부를 다 찾아내지 못할 지경이오. 어디서건 적당한 곳에서 자고 먹고 마시는데 온 세상이 다 내 것 같은 느낌이니 말이오."

– 디오게네스 라에르티오스, 《철학자 열전》

'미친 소크라테스'라 불린 거리의 철학자

디오게네스와 플라톤은 둘 다 소크라테스의 제자입니다. 그러나 두 사람의 철학은 화해할 길이 없을 정도로 큰 차이가 있습니다. 둘은 만날 때마다 마치 어린아이들처럼 싸우곤 했습니다. 하루는 플라톤이 아카데메이아에서 제자들에게 인간은 '두 발로 걷는 깃털 없는 짐승'이라고 정의했습니다. 그 소리를 들은 디오게네스는 닭 한 마리를 들고 플라톤을 찾아갔습니다. 그리고 제자들 앞에서 닭의 털을 뽑으며 이렇게 말했습니다. "자, 보시오. 이게 두 발로 걷는 깃털 없는 짐승이고, 바로 당신이 말한 인간이오."

194

두 철학자 사이에 이데아에 관한 논쟁이 벌어진 적도 있습니다. 디오게네스가 선수를 칩니다.

"이 방 안에는 한 개의 탁자와 한 개의 물컵이 있소. 그러나 내 눈에는 탁자와 컵의 이데아가 보이지 않는구려."

그러자 플라톤이 질세라 대꾸합니다.

"당연히 그럴 줄 알았소. 그대의 정신으로는 이데아가 아니라 탁자와 물컵만 볼 수 있는 수준이니."

디오게네스는 플라톤이 욕망을 버리라고 가르치면서도 편안하고 좋은 집에서 사는 게 무척이나 못마땅했나 봅니다. 비 오는 어느 날, 그는 플라톤의 침실로 뛰어들어가 진흙투성이 발로 시트를 마구 더럽혔다고 합니다. 그러곤 잽싸게 거리로 나와 발에 진흙을 다시 묻혀서는 또다시 방에서 깡충깡충 뛰었습니다.

플라톤은 이런 그를 '미쳐 버린 소크라테스' 같다고 불렀습니다. 그러나 디오게네스는 소크라테스의 가르침을 몸소 실천한 거리의 철학자였습니다. 그는 귀족적이며, 이상적인 플라톤의 철학과 생활이 스승의 가르침과는 맞지 않다고 생각했을 것입니다.

디오게네스에 관한 재미있는 일화는 수도 없이 많습니다. 어느 궁수가 활쏘기 연습을 하고 있는 걸 본 그가 갑자기 과녁 앞에 가 앉아서는 "여기가 가장 안전한 곳이군!"라고 말했다지요. 그에 관한 일화 중 가장 널리 알려진 것은 알렉산드로스 대왕과의 만남입니다. 알렉산드로스 대왕은 이 괴짜 철학자의 명성을 익히 들은 터라, 그를 만나 보고 싶어 했습니다. 마침 대왕은 디오게네스가 거주하던 코린토스에 갈 일이 생겨

직접 그를 찾아갔습니다. 디오게네스는 양지 바른 곳에 드러누워 일광욕을 즐기고 있었는데, 대왕의 출현에도 불구하고 기척도 하지 않았습니다. 여기에 알렉산드로스가 근엄한 표정으로 말합니다.

"나는 알렉산드로스 대왕이다. 너는 누구냐?"

"나는 개 같은 디오게네스요."

"내가 두렵지 않은가?"

"그대는 선한 존재인가? 만약 그렇다면 내가 선한 자를 왜 두려워하겠소?"

디오게네스의 당당한 모습에 알렉산드로스는 바라는 게 있으면 뭐든 들어주겠다고 말하지만, 그는 이렇게 대답합니다.

"대왕이시여, 햇볕이나 가리지 말고 비켜 주시오."

이때 곁에 있던 부하가 이 같은 무례함에 칼을 뽑아 들었지만, 알렉산드로스는 그를 말리며 말합니다.

"만약 내가 알렉산드로스가 아니었다면, 나는 디오게네스가 됐을 것이다."

디오게네스는 이불을 대신하는 낡은 망토 한 벌과 빵, 물을 담는 그릇 하나씩이 재산의 전부였습니다. 그는 둥근 술통 안에 들어가 잠을 잤고, 어디를 갈 때는 그 통을 굴려서 이동했다고 합니다. 그 모습을 보며 사람들은 개가 개집을 끌고 다닌다고 비아냥댔습니다. 그러자 그는 맞는 말이라며 거추장스러운 술통을 바로 버렸다고 하지요. 어느 날은 식사를 마치고 우물가에서 물을 마시는데, 어떤 아이가 손으로 물을 받아 마시는 모습을 보고는 "나는 가지고 있는 게 너무 많아!"라고 말하며 물그

룻마저 버렸다고 합니다.

디오게네스는 인간의 최고선이 '자유'라고 생각했습니다. 자유인은 노예와 반대입니다. 그는 욕망의 노예가 아니라 주인이 되고자 했습니다. 재산이나 명예, 허영과 사치, 위선, 이 모든 것이 우리를 노예로 만든다고 보았지요. 그는 맛있는 음식이 있어도 그것을 스스로 절제할 수 있을 때 비로소 음식에 입을 대는 그런 사람이고자 했습니다. 성욕을 주체하기 어려울 때는 시장 바닥에서 태연히 자위를 할 정도로 뻔뻔했습니다. 아테네 시민들이 그런 모습을 보며 비난하자, 그는 이렇게 대답합니다.

"너희는 욕망이 끓어오르면 사람들이 보지 않는 곳에서 온갖 추잡한 짓을 하지 않는가! 아, 배고픔도 이렇게 뱃가죽을 몇 번 쓰다듬는 걸로 해결할 수 있으면 좋으련만……."

알렉산드로스와 디오게네스의 일화를 묘사한 가스파르 드 크라이에 (1584~1669)의 그림. 그는 가난하지만 부끄러움이 없는 금욕의 삶을 몸소 실천하였다.

그는 시민들의 위선적 삶에 대해 자신의 행동을 통해 깨달음을 주고자 했던 것입니다. 소크라테스가 토론으로써 아테네의 '등에' 역할을 했다면, 디오게네스는 직접 행동으로 보임으로써 아테네 시민들의 위선을 개처럼 물어뜯은 것이지요.

디오게네스는 노년이 가까워졌을 때 배를 타고 아이기나 섬 부근 바다를 지나던 중 해적에게 붙잡혀 크레타 섬으로 끌려갔습니다. 그리고 이곳에서 노예로 팔리게 되었다고 합니다. 상인이 그에게 무엇을 할 줄 아느냐고 묻자, 그는 "남을 지배할 줄 아오."라고 대답했답니다. 또한 크세니아데스라는 사람이 보석으로 온몸을 치장한 것을 보고는 그를 가리키며 이렇게 말합니다.

"나를 저 사람에게 팔아 주시오. 잔뜩 치장한 걸 보니 급히 주인이 필요한가 보오."

그는 결국 크세니아데스에게 팔려가 그의 아이들을 가르치면서 여생을 보냈다고 합니다. 나중에 주인은 디오게네스를 집안일을 총괄하는 책임자로 삼으며 노예에서 해방시켜 주려 했습니다. 그러나 디오게네스는 진정한 노예는 자기가 아니라 이 집 주인이라며 거절했습니다. 또 한 번은 어느 부자 집에서 디오게네스를 초대했습니다. 화려하게 꾸며진 집 안으로 들어가자 주인은 손님에게 바닥에 침을 뱉지 말라고 당부합니다. 그러자 디오게네스는 갑자기 주인의 얼굴에다 침을 뱉습니다. 그러고는 말합니다. "공연히 침 뱉을 곳을 찾아다녔군. 당신 얼굴이 이 집에서 가장 더러워 침을 뱉었네."

디오게네스는 아흔 살 가까이 되어 스스로 숨을 멈춘 채 죽었다고 합

존 윌리엄 워터하우스의 〈디오게네스〉(1882). 정복자 알렉산드로스 대왕에게 세상은 한없이 좁았지만, 디오게네스에게는 나무통조차 넓고 편안한 거처였다.

니다. 그는 자신의 주검을 땅에 묻지 말고 맹수의 먹잇감으로 던져 주라는 유언을 남겼습니다. 그러나 제자들은 유해 처리를 놓고 다투다가 결국 묻는 쪽으로 합의합니다. 그의 장례비용은 국가가 지불하였고, 대리석 기둥과 개 동상이 있는 기념비까지 만들어 주었다고 합니다.

거지 부부 철학자, 크라테스와 히파르키아

크라테스는 디오게네스의 제자로 테베 출신입니다. 그는 테베에서 가장 부유한 사람 중 하나였던 아스콘다스의 아들이었는데, 디오게네스를 만나고는 자신의 모든 재산을 사람들에게 나누어주었습니다. 그러곤 이렇게 외쳤습니다.

"크라테스는, 나 크라테스를 해방하노라!"

그는 아무 집이나 불쑥 들어가서 사람들에게 충고를 한 것으로 유명합니다. 그래서 사람들은 그에게 '튤레파노이게타스(문을 열어젖히는 사람)'라는 별명을 붙여 주었습니다. 테베 시민들은 이 거지 철학자를 위해 집집마다 '선의 신 크라테스의 입구'라고 써 붙이고 기꺼이 그를 맞이해 충고를 들었다고 전해집니다.

크라테스는 저녁만 되면 거리로 나가 손님을 기다리는 창녀들에게 욕설을 퍼부었다고 합니다. 욕을 먹은 여자들은 당연히 크라테스에게 욕으로 대꾸하거나 쏘아붙였겠지요. 그는 이렇게 욕설을 주고받는 게 아고라에서 다른 철학자들과 토론할 때 그들에게 대응하기 위한 훈련이라고 했답니다. 또 한번은, 알렉산드로스 대왕이 그에게 조국 테베를 다시 재건해 주길 원하느냐고 물었습니다. 그러자 그는 이렇게 대답했다고 합니다.

"아니, 그럴 필요 없소. 어차피 재건해 봤자 또 다른 알렉산드로스가 와서 파괴해 버릴 테니까."

그의 스승 '개 같은' 디오게네스는 결혼 생활을 하지 않았습니다. 여자를 소유하는 것을 인정하지 않았기 때문입니다. 그를 따르는 키니코스 학파의 제자들 또한 스승을 따라 그렇게 늙어 갔습니다. 그런데 늙은 크라테스에게 매우 난처한 일이 생겼습니다. 바로 히파르키아 때문이었지요. 그녀는 크라테스의 명성을 듣고서 그가 사는 모습도 직접 보았습다. 그러곤 이 볼품없는 늙은이에게 반해 버렸습니다. 그녀는 마로네이아 출신으로, 그녀의 집안은 알렉산드로스의 아버지 필리포스 2세가 머무를 정도로 부유하고 명문가였습니다. 게다가 아름다운 미모까지 겸비해서 잘생기고 돈 많은 청년들이 줄을 섰지요. 그러나 그녀는 오로지 늙은 크라테스와 결혼할 생각뿐이었습니다. 그와 결혼하지 못하면 차라리 죽어 버리겠다고 부모에게 으름장을 놓을 정도였지요.

보다 못한 부모가 크라테스를 찾아가 딸을 대신 설득해 달라고 부탁합니다. 크라테스는 그렇게 하기로 했지만, 아무리 타일러도 그녀는 요지부동이었습니다. 그러자 크라테스는 마지막 방법을 썼습니다. 그녀 앞에서 벌떡 일어나 누더기 옷을 모두 벗어 버린 겁니다. 늙고 보잘것없는 몸을 보여 주면서 그는 이렇게 말했습니다.

"이게 네가 결혼하고 싶어 하는 신랑의 모습이라오. 그리고 저 누더기가 내가 가진 전 재산이지. 나와 결혼하면 이렇게 살아가야 하오."

디오게네스의 이러한 태도에 히파르키아는 더더욱 결혼하겠다는 마음을 굳혔습니다. 그녀가 보기에 스승의 모습은 자신이 이상으로 꿈꿔 왔던 생활 그 자체였습니다. 결국 크라테스는 오히려 그녀에게 설득을 당하게 되고 둘은 결혼을 합니다. 이후 그녀는 그리스 사회에서 처음으로 여자 철학자가 되었습니다.

이들 부부는 문명이 만들어 낸 온갖 허영과 위선을 거부했습니다. 간소한 옷 한 벌만 걸치고 도시를 돌아다녔고, 거리에서 공공연히 성관계를 가졌다고 합니다. 크라테스와 히파르키아 사이에는 파시클레스라는 아들이 하나 있었는데, 이 부부는 자녀 교육도 남들과 달랐습니다. 파시클레스가 성년이 되자, 아들을 창녀의 집으로 직접 데리고 가서 성교육을 당부하기도 했습니다. 그들은 아들에게 욕망을 절제하는 법을 가르치고자 한 것입니다. 그러나 금욕이 욕망처럼 우리를 속박한다면 그것마저도 버려야 한다는 가르침을 잊지 않습니다. 욕망이 피할 수 없는 것이라면 차라리 작은 욕망의 충족을 통해 그것에서 벗어나는 게 지혜롭다는 것이지요. 거리에서 자위를 서슴지 않았던 디오게네스나, 거리에서 성행위를 한 크라테스와 히파르키아의 행동은 바로 그러한 깨달음에서 나온 것이었지요.

키니코스학파 사람들에게는 집도, 도시도, 조국도 없었습니다. 그들은 인류 최초의 코스모폴리탄, 즉 세계시민으로 살았습니다. 크라테스는 말합니다.

"나의 조국은 성곽의 탑 하나나 저택의 방 하나에 한정된 게 아니다. 대지 전체의 어느 도시, 어느 집도 그 안에 살 수 있게, 우리에게는 준비되어 있다."

회의주의,
네 믿음을 의심하라

옛날에 퇴계 이황 선생님 집에서 일하던 하인 두 명이서 싸움을 하였습니다. 처음에는 조금 다른 의견으로 티격태격하다가 이내 큰소리로 싸우게 되었지요. 끝내 하인들은 서로 자신이 옳다며 이황 선생님께 판단을 내려 달라고 했습니다.

첫 번째 하인의 말을 들어 본 이황 선생님은 "너의 말이 맞구나!" 하셨습니다. 그러자 억울한 생각이 들었던 두 번째 하인도 하소연했습니다. 그런데 이번에도 이황 선생님은 "너의 말도 맞구나!" 하셨습니다. 그것을 옆에서 듣고 있던 선생님의 부인이 "아니, 이 하인의 말도 맞고 저하인의 말도 맞으면 도대체 누구 말이 맞다는 말씀이십니까?"라고 물었습니다. 여기에 이황 선생님은 "으음, 부인의 말을 들어 보니 그 말도 맞소."라고 하셨답니다.

고대 그리스철학을 이야기하면서 왜 갑자기 이황 선생님이냐고요? 하인들이 무슨 말을 했는지는 잘 모르겠으나, 이황 선생님은 세상에는 하나의 진실, 하나의 옳음은 존재하지 않는다고 생각하신 듯합니다. 그렇기에 진리를 알고 있다고 말하는 사람들의 주장을 의심하고, 그 주장에 대해서도 옳다 혹은 그르다는 판단을 중지하는 것이지요. 진리 판단에 대한 유보적 태도는 동서양이나 시대를 막론하고 항상 등장합니다. 고대 그리스에서도 이와 유사한 주장을 한 사람이 있습니다. 고대 회의주의학파의 창시자인 피론이라는 사람입니다.

무심한 철학자, 피론

회의주의懷疑主義는 사람들의 주장에 '의심'을 품습니다. 그렇다고 판단을 중지한 채 아무것도 하지 않는다는 의미는 아닙니다. 판단을 중지하는 것은 의심으로 나아가기 위한 첫 발자국이지요. 사실, 철학은 의심을 하는 것에서 시작합니다. 파르메니데스는 눈에 보이는 현상을 의심했고, 소크라테스는 우리가 무언가를 알고 있다는 사실을 의심했습니다. '회의'를 통해 철학자들은 깨달음과 진리로 나아갈 수 있습니다. 그런 '회의'를 철학의 모토로 삼았던 최초의 철학자가 피론입니다.

피론은 기원전 360년에 펠로폰네소스 반도의 서부에 있는 엘레스에서 태어났습니다. 그는 젊은 시절 화가로 활동했는데 그림 실력은 별 볼일 없었나 봅니다. 아티고노스에 따르면, 피론은 엘레스의 공공체육관

회의주의의 시조로 불리는 피론의 두상. 회의주의를 의미하는 '피로니즘Pyrrhonism'이라는 말은 그의 이름에서 유래하는데, 그는 페르시아는 물론 인도의 현인들과도 교류하였다고 한다.

에 성화를 봉송하는 그림을 그렸는데 아주 형편이 없었다고 합니다. 그는 그림 그리기를 포기하고 철학으로 방향을 바꾸어 소크라테스학파 사람인 브린손에게 철학을 배우고, 나중에 데모크리토스학파인 압데라 출신의 아낙사르코스의 제자가 됩니다.

아낙사르코스는 기개가 대단한 철학자였습니다. 불의를 보면 참지 못하는 성격이었지요. 그런 그가 어느 날 알렉산드로스 대왕이 준비한 연회에 참석하였습니다. 대왕은 그에게 그날 요리에 대해 물었습니다. 그러자 그는 요리는 훌륭한데 디저트가 한 가지 빠졌다고 말했습니다. 대왕이 어떤 디저트를 원하는지 물었고, 그는 이렇게 대답합니다.

"키프로스 참주 니코크레온의 머리입니다."

참주 니코크레온은 악랄한 사람으로 알려져 있었는데, 그날 연회에노 참석해 있었습니다. 그는 이날의 수모에 대해 언젠가 앙갚음을 할 거라 맹세했습니다. 몇 해 후 아낙사르코스는 여행 중에 키프로스 근처 바다에서 난파되었다가 니코크레온에게 잡히게 되었습니다. 참주 니코크레온은 예전 일에 대한 복수로 그를 커다란 절구통에 넣고 쇠공이로 내리찧으라고 명했습니다. 그 상황에서 아낙사르코스는 이렇게 외쳤다고 합니다. "아낙사르코스의 껍데기는 찧을 수 있어도 아낙사르코스를 찧을 수는 없도다!"

피론은 이런 스승과 함께 기원전 334년, 알렉산드로스 대왕의 동방 원정에 참여했습니다. 10여 년간 동방의 가르침을 두루 맛보았지요. 플루타르코스는 이때 피론이 경험한 이야기를 하나 들려줍니다. 페르시아에 칼라노스라는 한 사제가 있었는데, 그는 마케도니아의 군대가 쳐들어오자 화형대를 만들어 달라고 했습니다. 화형대가 완성되자 그는 신에게 제물을 바치고, 침입자들에게 복을 빌어 준 다음 활활 타오르는 불꽃 위에 드러누웠습니다. 작은 천으로 얼굴을 가린 그는 온몸이 타는 동안에도 근육 하나 움직이지 않았다고 합니다.

동양의 고행자를 본 적이 없었던 피론에게 이 장면은 무척이나 충격이었지만, 한편으로는 의지의 힘으로 고통을 다스리는 게 가능하다는 것을 알게 되었다고 합니다. 피론은 동양을 여행하면서 인도의 나체 수행자, 불가의 고행승, 중국의 도가 철학자들을 통해 인간이 최후의 평온에 도달하려면 아무것도 하지 않음, 즉 '무위無爲'를 실천해야 한다는 사실을 깨달았습니다.

그는 마흔 살에 고향으로 돌아와 자신의 철학을 가르치며 고독하게 살았습니다. 그러나 그를 존경하는 사람들, 그의 철학에 감명을 받은 젊은이들이 이내 주위에 모였습니다. 이처럼 그를 따르던 사람들을 피론주의자 혹은 회의주의자라고 불렀습니다.

피론이 가르친 철학의 핵심은 모든 것에 대한 판단을 유보하고, 그것을 긍정하지도 부정하지도 말아야 한다는 데 있습니다. 사물의 진실은 우리가 파악할 수 없으므로 사물에 대한 판단을 중지하라는 것이지요. 피론에게 있어 판단, 즉 어떤 것에 대해 이렇다, 저렇다고 하는 것은 혼란만 더할 뿐입니다. 한편으로 본질과 동떨어진 채 판단을 정당화하기 위한 논쟁이 점점 거세지게 되지요. 그는 '판단하지 않는 마음의 상태(에포케)'를 통해 '흐트러짐 없는 평온한 마음의 상태(아타락시아)'에 이르고자 했습니다. 그 밑바탕에 '의심'이 있는 것입니다. 피론은 한마디로 말해, 무심한 상태를 유지하는 삶을 바랐고 또 그렇게 살았습니다. 디오게네스 라에르티오스는 그에 대해 이렇게 전합니다.

"그는 산파로 일하는 누이동생과 함께 경건하게 살았다. 그는 때때로 시장에 가금류와 돼지들을 팔러 갔다. 그는 무심하게 집안일을 했고, 또 무심하게 돼지들을 씻었다."

무심한 철학자, 피론은 이렇게 말합니다.

"절대로 변하지 않는 가치나 진리는 존재하지 않는다. 본질적으로 아름답다거나 추한 것, 본질적으로 좋고 나쁜 것, 본질적으로 옳고 그른 것, 본질적으로 진실된 것과 거짓된 것도 존재하지 않는다. 그러므로 강철 같은 건강을 유지하는 것과 심한 병을 앓는 것 사이에도 본질적인 차이는 없다."

언젠가 피론은 배를 타고 가다가 폭풍우를 만났습니다. 사람들은 불안한 마음에 온통 야단법석이었는데, 그때 아무런 동요 없이 무언가를 먹고 있는 새끼 돼지가 눈에 들어왔습니다. 피론은 새끼 돼지를 가리키며 사람들에게 "현자가 되려면 이 새끼 돼지처럼 마음이 평정한 상태를 유지하라."고 말했다고 합니다.

흐트러짐 없는 평온한 마음의 상태인 '아타락시아'에 이르려면 새끼 돼지가 되어야 합니다. 피론은 매사에 무관심해지기 위해 노력했습니다. 이로써 언제나 동일한 마음 상태, 다시 말해 외부 요인에 의해 어떠한 감정의 동요나 변화를 겪지 않을 수 있었습니다. 그는 어느 장소에 있든 어떤 사람을 만나든 그 무엇에도 개의치 않았습니다.

무관심한 그의 행동에 대해 전해지는 이야기는 아주 많습니다. 어느 날 열띤 토론을 하다가 상대가 아무런 말 없이 자리를 떴는데도, 그는 전혀 아랑곳하지 않고 허공을 향해 자신이 하던 말을 계속하고 또 질문도 했다고 합니다.

스승인 아낙사르코스와 길을 걸으며 이야기를 하던 중에 스승이 진흙 구덩이에 빠졌을 때에도, 피론은 아무 일 없었다는 듯이 하던 말을 계속했다고 합니다. 잠시 후, 진흙으로 뒤범벅이 된 스승이 쫓아와 제자의 초연함을 칭찬했다고 하지요. 그 스승에 그 제자입니다. 한번은 개 한 마리가 갑자기 달려들어 그가 놀랐던 적이 있었습니다. 사람들이 그의 흐트러진 모습을 꼬투리 잡자 그는 "인간의 탈을 완전히 벗는 것은 쉽지 않구나!"라고 했답니다.

회의주의자들은 어떤 이상이나 인간, 진리 중 어느 것에도 신뢰를 두지 않았습니다. 그들의 좌우명은 "존재란 존재하지 않는다. 나는 아무것에도 관심이 없다."는 것이었고, 피론의 제자인 티몬이 말했듯이 "나는

'피론의 돼지'를 묘사한 〈폭풍우 치는 바다의 철학자, 피론〉(16세기 초반). 몽테뉴는 《수상록》에서 이 이야기를 소개하며 "이성이 오히려 평정을 잃게 하고, 지식이 우리의 처지를 '피론의 돼지'보다 못하게 만든다면 이성과 지식이 도대체 무슨 소용이 있을까?"라고 물었다.

사물의 원인에 대해 관심이 없을 뿐 아니라, 그 원인을 묻는 일 자체에도 관심이 없다."는 삶을 살다가 갔습니다.

회의주의, 진리에 이르는 도구가 되다

피론의 제자 중에 가장 유명한 사람은 티몬입니다. 소크라테스가 아무 글도 남기지 않았듯이 피론 역시 단 한 줄의 글도 남기지 않았습니다. 그 대신 플라톤과 마찬가지로, 티몬은 스승인 피론의 가르침을 글로 남겼습니다. 그러나 아쉽게도 많이 남아 있지는 않습니다. 그가 쓴 글

중에 《실로이》라는 책은 유명한 철학자들을 등장시켜 회의주의자 입장에서 그들 모두를 비판했다고 합니다.

티몬은 기원전 320년경 플레이우스에서 태어납니다. 그는 젊어서 부모를 잃고 합창가무단의 무용수로 활동하다가 싫증을 느낀 나머지 메가라로 이사합니다. 그곳에서 스틸폰의 가르침을 받게 되지요. 그는 애꾸눈에 술을 몹시 좋아했습니다. 티몬은 피티아 제전을 보러 경기장으로 가는 길에 피론을 만났는데, 피론과 이야기를 나눈 후 그의 제자가 됩니다. 티몬을 싫어했던 아리스토텔레스는 두 사람의 만남에 대해 이렇게 쓰고 있습니다.

"오, 보잘것없는 인간, 티몬이여. 그대는 아무것도 믿지 않는다면서 어떻게 피론을 만났다고 말을 하는가? 피티아 제전을 보러 가던 순박한 피론 또한 노망난 노인처럼 어디로 가고 있는지조차 모르며 걷고 있었던 것은 아닌가?"

티몬은 자신이 쓴 글들을 무심하게 아무 곳에 버려두었습니다. 그가 시를 적은 종이(파피루스)는 대부분 벌레가 먹은 상태이거나, 집안 여기저기에 흩어져 있었지요. 한번은 그의 친구이자 변론가인 조리로스가 찾아와 그가 쓴 시를 읽어 달라고 부탁했는데, 티몬은 반쯤 벌레 먹은 종이의 시를 읽거나 여기저기 흩어져 있던 시들을 잡히는 순서대로 읽어주었다고 합니다. 그렇게 아무 시를 반쯤 읽다가 자신이 찾고 있던 시라는 걸 알았다는 이야기가 전해 옵니다.

또한, 당시 아카데메이아의 학장이었던 아르케실라오스와는 이런 일화도 있습니다. 아테네의 아고라를 걷고 있던 아르케실라오스에게 티몬이 다가와 말을 걸었습니다.

"도대체 무슨 일로 당신이 이곳에 있는 거요. 이곳은 우리 자유인이 있는 곳인데."

"그럼 티몬, 당신은 이곳에 왜 와 있습니까?"

"그대들이(플라톤주의자) 모두 나란히 있는 걸 보며 웃어 주기 위해서지요."

그런데 그리스 철학사에서 상상하기 어려운 일이 이즈음 일어납니다. 그것은 바로, 플라톤주의자의 우두머리 중 한 사람이 회의주의 철학의 우두머리가 된 일입니다. 티몬이 사라진 후 회의주의를 이끈 사람은 아르케실라오스입니다. 그는 기원전 315년 피타나에서 세우테스의 아들로 태어난, 아카데메이아의 제6대 학장이자 중기 아카데메이아를 이끈 인물입니다. 앞의 에피소드에서 티몬에게 조롱을 받았던 장본인이지요. 그는 플라톤의 이데아의 세계에서 피론의 회의의 세계로 넘어온 것인데, 어떻게 이런 일이 가능했을까요?

소크라테스는 자신이 아무것도 모른다는 사실을 안다고 주장했습니다. 그에 비해 아르케실라오스가 말하길, 우리는 그것조차도 알 수 없다고 합니다. 소크라테스가 아무것도 모른다고 했을 때, 그가 전제하고 있는 것은 '절대적인 진리'가 존재하고 있다는 사실입니다. 우리가 모르는 것은 절대적인 진리의 존재를 모르는 게 아니라, 절대적인 진리의 내용을 모르는 것이지요. 다만 아르케실라오스는 피론이나 티몬과는 달리 진리가 존재한다는 점을 인정합니다. 그의 회의주의는 진리를 추구하려는 동기로부터 비롯되었습니다. 즉, 철학자는 오류에 빠지지 않기 위해 그 어떤 주장에 대해서도 동의를 하지 말아야 한다는 것이지요. 그는 플라톤의 진리에 도달하기 위해 회의주의를 도구로 사용한 것입니다. 섹스투스는 아르케실라오스가 겉으로 보기에는 피론주의자이지만, 실제로는 플라톤주의자였다며 당시의 이런 평가를 전합니다.

"앞에서 보면 플라톤, 뒤에서 보면 피론, 가운데서 보면 디오도로스."

근대 철학의 문을 활짝 연 데카르트는 자신의 철학을 '회의'에서 찾았습니다. 그는 사람들이 옳다고 믿어 왔던 모든 것을 의심했습니다. 그는 인간의 감각을, 심지어는 수학 명제까지도 의심하며 "나는 생각한다. 고로 나는 존재한다."라는 말을 남겼지요. 그러고는 더 이상 의심할 수 없는 곳까지 도달합니다. 그의 의심과 회의는 참된 진리를 발견하기 위해서였지요. 그 같은 철학적 방법론은 아마도 아르케실라오스에서 배웠을 것입니다.

회의주의자들은 사람들이 독단의 잠에서 깨어나길 바랍니다. 나만 옳고 너는 그르다, 나의 생각은 진리이고 너의 생각은 아니다, 이런 독단적 사고는 역사 속에서 무수하게 발견됩니다. 우리 세계의 평화를 깨뜨리는 것도 바로 독단론자들의 그릇된 신념이 큰 몫을 차지하지요. 일례로 최근의 서방 세계와 아랍 세계 간 갈등은 독단이 만들어 낸 대결입니다. 지금의 갈등과 대립 그리고 전쟁은 문화적, 종교적 차이에서 비롯된다고 생각하는 경향이 강합니다. 그러나 저는 이러한 생각에 반대합니다. 그 같은 갈등과 대립은 문화적 차이 때문이 아니라, 양편 진영의 독단론자들이 권력을 쥐고 있기 때문에 생겨난 것이라고요. 독단의 잠에서 깨어나지 못한 내 생각은 언제든 오류를 범할 수 있지요. 내가 항상 옳을 수는 없습니다. 우리는 실수를 하고 오류를 범할 수 있는, 완전하지 못한 존재이니까요. 그걸 인정할 수 있다면, 이제는 대립이 아니라 대화가 가능하겠지요.

피론은 호메로스의 다음과 같은 시구를 자주 읊조렸다고 합니다.

"참으로 나뭇잎들의 세상이야말로 인간 세상의 모습과 다름이 없다. 때론 바람이 불어와서 나뭇잎을 땅에 떨어뜨려 놓지만 또 한편으로 숲 속의 나무들은 무성하게 잎이 돋아나 봄철이 돌아오곤 한다. 그와 마찬가지로 인간 세상도 한편에서 태어나고 또 한편에서 사라져 가는 것."

에피쿠로스학파,
죽음은 우리에게 아무것도 아니다

선생님이 그의 학생들에게 말했습니다. "태초에 카오스가 생겨났다." 그러자 한 학생이 일어나 선생님께 물었습니다. "선생님, 그러면 카오스는 무엇으로부터 생겨났는지요?" 여기에 선생님이 대답합니다. "그야 알 수 없지. 그건 철학자들의 몫이니까!" 그러자 학생은 교실 밖으로 나가면서 이렇게 말했습니다.

"그렇다면 여기 앉아 있을 필요가 없군요. 직접 철학자들을 찾아가서 그들에게 배우겠습니다."

이 학생이 고대 철학사에게 가장 극단적인 평가를 받고 있는 에피쿠로스입니다. 그는 기원전 341년, 사모스 섬에서 태어났습니다. 아버지 네오클레스와 어머니 카이레스트라테가 모두 아테네 출신이라서 그 역시 사모스 섬에서 태어났어도 아테네 사람입니다. 에피쿠로스의 부모는 아테네 당국이 사모스의 원주민을 몰아내고 그곳에 식민 도시를 건설할 때 함께 참여했습니다. 아버지는 학교 선생님이었는데, 어린 에피쿠로스를 강의실에 데리고 가서 수업을 했다고 합니다. 이후 에피쿠로스는 열네 살이 되어 철학 공부를 시작하게 됩니다. 그의 첫 스승은 사모스 섬의 플라톤주의자인 팜필로스라고 하는 사람입니다.

기원전 323년, 성인이 된 에피쿠로스는 군복무 때문에 아테네로 가야 했습니다. 군복무 중에는 시간이 날 때마다 철학 학교에서 강의를 듣곤 했지요. 그가 다닌 학교는 크세노크라테스가 학장으로 있었던 아카데메이아와 아리스토텔레스가 제자들과 함께 거닐며 철학을 했던 리케이온이었습니다. 그러나 그는 나중에 자신은 누구에게도 철학을 배운 일 없이 독학을 했다며 '나의 스승은 바로 나 자신'이라는 주장을 서슴지 않았습니다.

알렉산드로스 대왕이 죽자 사모스 섬 원주민들은 마케도니아의 새로운 왕, 페르디카스의 도움을 받아 섬을 다시 차지하고 아테네 사람들을 몰아냈습니다. 에피쿠로스 가족은 화를 피해 콜로폰으로 이주하고, 에피쿠로스도 가족이 걱정되어 아테네에서 콜로폰으로 옵니다. 그는 이곳에서 형제들과 함께 첫 학교를 세웁니다.

서른두 살이 된 해에 에피쿠로스는 형제들과 함께 미틸레네로 옮겨가 다시 학교를 세웁니다. 그러나 이미 큰 세력으로 자리 잡은 플라톤주의 계통의 학교가 텃세를 부리는 바람에 에피쿠로스는 학교를 유지하기가 어려웠습니다. 다른 지역에서도 상황은 마찬가지였습니다. 결국 이리저리 학교를 옮기다가 기원전 306년에 아테네에 다시 입성하게 됩니다.

에피쿠로스학파의 시조인 에피쿠로스의 두상. 그는 흔들림이 없고 평정한 심신의 안정 상태, 즉 '아타락시아'를 행복한 삶의 궁극 목표로 보았으며, 그 자신의 생활도 청렴하고 고결했다.

그러나 아테네에 입성하기 전에 이미 그의 사상은 그리스 전 지역은 물론 소아시아, 이집트 등에까지 널리 알려져 있었습니다. 아테네에서 에피쿠로스의 친구들은 셀 수 없이 많았고, 도시 전체가 그의 친구가 되었다고 전해집니다.

정원학교에서 우애를 가르치다

에피쿠로스는 아테네에서 집 한 채와 거기에 딸린 정원을 80므나에 사서 공동체 생활을 하였습니다. 정원에 모여 산다고 해서 사람들은 에피쿠로스 학교를 '정원학교'라고 불렀습니다. 정원학교는 누구에게나 문을 열어 놓았습니다. 우애를 바탕으로 세운 학교답게 이곳에 드나드는 사람들은 모든 계층에 속해 있었습니다. 공동체에는 아테네의 저명인사는 물론이고 아이들, 외국인과 노예, 심지어 창녀들도 포함되었습니다. 학생 중에 여자가 있었다는 사실 때문에 학교는 온갖 루머와 비방에 시달려야 했지요.

루머와 비방의 진원지는 당시 에피쿠로스학파와 경쟁 관계에 있었던 스토아학파 사람들이었습니다. 스토아학파의 디오티모스라고 하는 사람은 음탕한 편지를 써서는 에피쿠로스가 쓴 것이라며 뒤집어씌웠고, 특히 키케로는 이 학교를 '온갖 향락 속에서 초췌해져 가는 쾌락의 정원'이라고 비난하기도 했습니다.

스토아학파 사람들이 퍼뜨린 소문 때문에 에피쿠로스학파는 큰 시련을 겪어야 했습니다. 펠로폰네소스 반도 서남부에 있는 메세네에서는 권력자들이 에피쿠로스의 추종자들을 추방하고 그들이 살던 집을 모조리 불태웠고, 크레타에서는 신들의 적이라는 죄목으로 온갖 고문을 당하기도 했습니다. 에피쿠로스학파가 이토록 미움을 받은 이유는 사실 단순합니다. 크레셴쵸는 그 이유를 이렇게 말합니다.

"에피쿠로스학파 사람들이 정치인을 멸시했을 뿐 아니라 하층 계급 사람들을 평등하게 대했다는 이유 때문이었다. 당시 사회에서 우애는 동일한 계급의 사람들 사이에서만 인정되는 것이었는데, 에피쿠로스는 그것을 무시했던 것이다."

에피쿠로스는 노예나 여자도 두 손을 벌려 환영하고 친구처럼 대했습니다. 그는 인간적인 관계인 우애는 사람에게서 사람에게로 전염되듯이 퍼져 나가야 한다고 생각했습니다. 당시 사회에서는 혁명적이라고 할 만한 태도이지요. 고대 그리스에서 노예와 여자는 이성이 없는 존재로 간주되었습니다. 그렇기에 여자들은 시민임에도 정치에 참여할 권리가 없었지요. 여자는 집안일을 돌보는 존재에 불과했고 노예는 더 말할 나위도 없습니다. 이들에게 철학의 문을 열어 놓은 것은 당시의 상식과는 아주 거리가 멀었습니다.

키케로는 에피쿠로스의 우애에 대해 이렇게 말합니다.

"에피쿠로스는 우정에 대해 말하기를, 지혜가 우리에게 행복한 삶을 위해 줄 수 있는 것들 중에서 우애보다 고귀하고 풍요로우며 기분 좋은 것은 없다고 했다. 그는 이렇게 선언하는 데 그치지 않고 생애 내내 자신의 행위와 관습을 통하여 이를 확고히 했다. 에피쿠로스의 하나뿐인 작은 집 안에서 그로 인해 모든 친구들이 더불어 모이지 않았던가! 그 어떤 사랑의 모의가 그들의 마음을 모아 주었던가!"

삶의 목적은 쾌락이다

"인생의 목적은 쾌락이다. 그러나 무지한 사람들이 생각하는 것처럼 방탕하고 향락적인 쾌락은 아니다. 육체의 쾌락은 고통을 당하지 않는 것이요, 영혼의 쾌락은 번민에 사로잡히지 않는 것이다."

에피쿠로스의 말입니다. 그의 쾌락주의는 쾌락이 인생의 목적이고 선이라는 것이지만, 쾌락에 대한 그의 정의는 우리가 흔히 생각하는 쾌락주의와는 거리가 멀어 보입니다. 그는 육체적인 고통에서 벗어나는 한편으로, 정신적인 불안과 혼란에서 벗어나기 위해서는 흔들리지 않는

218

마음인 '아타락시아'를 가져야 한다고 주장합니다. 그러면 어떻게 아타락시아를 가질 수 있을까요?

그는 고통의 원인을 욕구로 보았습니다. 물론 모든 욕구가 나쁜 것은 아닙니다. 그는 욕구를 세 가지로 분류합니다. 첫째는 자연적이면서 필요한 것이고, 둘째는 자연적이긴 하지만 꼭 필요하지는 않은 것이고, 셋째는 자연적이지도 않고 꼭 필요하지도 않은 욕구입니다.

첫째 욕구는 삶을 유지하는 데 꼭 필요한 욕구입니다. 먹고, 마시고, 잠자고, 추울 때 몸을 감싸는 것 등 육체적 삶을 유지하는 데에 필요한 욕구입니다.

둘째 욕구는 우리의 욕구를 만족시켜 주기는 하지만, 꼭 필요하지는 않은 '필요 이상의' 욕구를 말합니다. 쉽게 말하면 더 좋은 음식, 더 좋은 잠자리, 더 좋은 옷 등을 바라는 욕구입니다. 쇠고기 등심을 먹는 것은 즐거운 일이긴 하지만 꼭 필요하지는 않지요.

셋째는, 잘못된 생각에서 생겨나는 욕구입니다. 명품 가방이나 명품 시계 같은 것을 바라는 욕구이지요. 분명히 이런 물건들은 꼭 필요하지 않습니다. 그런데도 사치품을 탐하는 까닭은 모든 사람들이 그것을 값지다고 여기기 때문입니다.

에피쿠로스는 자연적이면서 필요한 욕구는 언제나 충족시켜야 한다고 보았습니다. 생명과 관련되어 있으니까요. "육신의 목소리, 배고프지 않을 것, 목마르지 않을 것, 춥지 않을 것, 이러한 상태에 있는 자는 신과 같은 상태에 있는 것이다."라고 그는 말합니다. 그러나 그 외의 욕망은 절대로 따라서는 안 된다고 가르칩니다. 이것으로부터 우리의 평정심이 깨지고, 이것으로부터 우리의 갈등이 시작되기 때문입니다. 욕구를 충족하는 것이 쾌락인 한편으로, 과도하고 불필요한 욕구를 추구하는 것은 과도한 쾌락입니다. 과도한 쾌락을 좇는 사람은 만족을 얻지 못하고 늘 고통에 시달립니다. 이러한 쾌락은 만족시키려야 만족시킬 수 없는 것이어서 어느 정도까지 점점 강렬해지다가 그 후에는 고통으로 변하기 때문입니다. 그래서 마음의 평정, 즉 아타락시아를 얻기 위해서는 과도한 욕구와 쾌락에서 벗어나야 하는 것입니다.

그렇다면 성욕은 어떨까요? 성욕은 자연스러운 욕구임에 틀림없습니다. 그렇다면 꼭 필요한 욕구일까요? 물론 자식을 낳기 위해서는 꼭 필요합니다. 그러나 그것을 제외하고는 꼭 필요한 것인지에 대해 에피쿠로스는 좀 부정적인 생각을 가진 것 같습니다. 그는 말합니다.

"육체적인 쾌락을 즐길 경우에 그것이 법에 어긋나지 않고, 좋은 풍습에 벗어나지도 않고, 몸에 해가 되지도 않고, 또 그것 때문에 파멸하지도 않는다면 원하는 대로 해도 좋다. 그러나 지금 말한 이런 모든 가능성 중에 하나도 문제되지 않는다는 것은 매우 어렵다. 육체적인 쾌락을 즐기면서 아무것도 잃는 것이 없다면 그것 자체만으로도 대단한 일이다."

사람의 욕구와 관련해 에피쿠로스는 많은 경구들을 남겼습니다. 이 경구들은 시대를 뛰어넘어, 욕구에 휘둘리는 일이 많으면 많을수록 더욱 바람직한 삶의 지침을 주는 것 같습니다.

"어떤 사람을 부유하게 하려면 더 많은 재물을 주기보다는 그의 욕망을 줄여 주어라."

"어떤 쾌락도 그 자체로 악은 아니다. 그러나 쾌락이 즐거움보다 불편을 초래한다면, 그것에 도달하기 위한 수단은 악일 수도 있다."

"가지고 있지 않은 것을 원하면서 가지고 있는 것을 낭비하지 마라. 지금 그대가 소유하고 있는 것은 그대가 한때 간절히 원했던 것임을 잊지 마라."

헬레니즘 문화의 대표적인 작품 중 하나인 〈아프로디테상〉. 그리스의 밀로스 섬에서 발견되어 '밀로의 비너스'라고도 한다. 헬레니즘 시대는 흔히 알렉산드로스 대왕의 동방 원정부터 기원전 30년 로마의 이집트 병합 때까지를 일컫는데, 이 시대의 철학은 에피쿠로스학파와 스토아학파로 크게 대별된다. 세계시민주의와 개인주의가 만연한 가운데 철학의 관심은 행복의 본질이 무엇인지에 맞춰졌다.

죽음과 신을 두려워하지 마라

인간에게 가장 두려운 것은 무엇일까요? 아마도 그것은 죽음일 것입니다. 죽음 앞에서 우리 인간은 가장 큰 고통을 느낍니다. 게다가 죽음은 살아 있는 모든 존재에게 피할 수 없는 숙명이지요. 종교는 인간이 죽음의 두려움으로부터 벗어날 수 있는 길을 가르쳐 줍니다. 그러면 영혼의 쾌락은 번민에 사로잡히지 않는 것이라고 가르친 에피쿠로스는 죽음에 대해 뭐라고 할까요? 그는 말합니다.

"왜 죽음을 두려워하는가? 우리가 존재하는 동안 죽음은 존재하지 않고, 죽음이 존재할 때 우리는 더 이상 존재하지 않는다."

우리를 고통스럽게 하는 것은 죽음 그 자체보다는 죽음에 대해 두려워하는 마음일지도 모릅니다. 그렇다고 바뀌는 것은 무엇일까요? 그럴 바에야 차라리 죽음에 대해 생각하지 말고 현재의 삶에 최선을 다하는 게 옳지 않을까요? 에피쿠로스는 또 이렇게 말합니다.

"새롭게 떠오르는 하루하루가 너에게 생애 최후의 날인 것처럼 여겨라. 그리하면 너는 예기치 않은 시간을 감사하는 마음으로 받아들이게 될 것이다. 매 순간들을 믿을 수 없는 행운 덕분에 누리게 된 것인 양 그 가치를 인식하며 받아들여라."

인간은 죽음과 마찬가지로 신에 대한 두려움도 갖고 있습니다. 번개가 치는 이유를 모를 때 우리는 두려움에 떱니다. 당시 사람들은 번개가 제우스의 힘이라고 생각했습니다. 당연히 이런 생각은 신에 대한 두려움으로 나타나겠지요. 그러나 번개의 진짜 원인을 알면 그런 두려움에서 벗어날 수 있습니다. 번개는 자연현상에 불과하기 때문입니다. 그렇다고 해서 에피쿠로스가 무신론자는 아닙니다.

"여보게들, 온 세상 사람들이 모두 신을 믿는데, 내가 또 무슨 말을 해주길 기대하나? 신들은 당연히 존재하겠지. 그렇지 않은가? 중요한 것은 무지한 사람들이 생각하는 식으로 신을 생각하지 않는 걸세."

사실 그가 정말로 신을 믿었는지, 아니면 불경죄로 사형당할 게 두려워서 신이 존재한다고 했는지는 모르겠습니다. 그러나 그는 분명 당시 사람들과는 다르게 신을 이해했습니다. 그가 생각할 때, 신은 인간들과 너무 멀리에 있습니다. 신이 모든 것의 원인이라고 생각하지도 않았습니다. 그는 신에 대해 이렇게 묻습니다.

"신은 악을 막을 능력이 없는가? 그렇다면 신은 무능하다. 신은 악을 막을 능력이 있는데도 그렇게 하지 않는가? 그렇다면 신은 악의적이다. 신은 악을 막을 능력과 그럴 의지가 있는가? 그렇다고 한다면 악은 왜 존재하는가?"

에피쿠로스는 신장결석을 앓다가 일흔둘 나이에 죽습니다. 아주 고통스러운 병이지요. 그는 죽기 전에 청동으로 된 욕조에서 따스한 물에 몸을 담그고 포도주를 마시며 죽음을 맞이했다고 합니다. 또 죽음 직전에는 친구인 이도메네우스에게 이런 편지를 썼습니다.

"나는 내 삶의 마지막 날, 더없이 행복한 날에 이 편지를 쓰네. 나는 소변을 보기 어렵고 이질에도 걸려 극심한 고통을 겪고 있지만, 우리가 과거에 나누었던 대화를 떠올리는 기쁨으로 그 고통을 상쇄하고 있다네."

이것이 에피쿠로스의 마지막 말이었습니다. 그는 자신의 주장을 설득력 있고 기억에 오래 남도록 간결한 문장으로 추려서 우리에게 남겼습니다. 그중에 유명한 것이 '치유를 위한 4절'입니다. 이 글 안에는 에피쿠로스 철학의 핵심이 모두 담겨 있습니다. 이런 내용입니다.

신들은 두려워해야 할 이들이 아니요, 죽음은 염려해야 할 것이 아니다. 쾌락은 누구에게나 열려 있고, 오래 가는 고통은 참을 만하고, 강한 고통은 오래 끌지 않음을 기억하라.

에피쿠로스가 죽은 후 그의 사상은 그리스 세계와 소아시아, 이집트까지 퍼져 나갔습니다. 기원후 5세기까지 세계 곳곳에 에피쿠로스 학교가 세워졌고, 수많은 사람들이 그의 제자가 되었습니다. 제자 중에는 오이노안다의 디오게네스라는 사람이 있는데, 2세기경에 살았던 아주 큰 부자이지요. 그는 스승에 대한 존경심으로 마을 근처에 타원형 주랑을 짓고는 100미터가 넘는 벽에 에피쿠로스의 사상을 요약한 명문을 새겼습니다. 이 유물은 1884년에 프랑스 고고학자에 의해 발견되었습니다. 명문에는 다음과 같이 쓰여 있습니다.

나 이제 인생의 황혼에 접어들었으나, 세상을 뜨기 전에 훌륭한 가르침으로 내게 기쁨을 준 에피쿠로스 스승께 합당한 찬가를 올리려 하노라. 무엇보다도 나는 후세에 이런 생각을 전하고자 하노라. 땅은 여러 곳으로 나뉘어 모든 민족에게 각기 다른 조국이 되었다. 그러나 우애를 나눌 줄 아는 모든 사람에게 세상은 단 하나의 공동의 집이니, 이름하여 땅이라 하노라.

에피쿠로스 철학의 핵심은 아타락시아를 추구하는 데 있습니다. 회의 주의자인 피론은, 모든 판단을 중지하고 모든 것에 무관심하게 되면 아타락시아에 이를 수 있도록 했지요. 그에 비해 에피쿠로스는 아타락시아를 방해하는 가장 큰 원인을 과도하고 불필요한 욕망이라고 말합니다. 욕망을 줄이고, 육체적 쾌락에서 벗어나 필요한 만큼 소비하며 사는 것, 부와 명예보다는 이웃과 나누면서 사는 것을 행복한 삶의 비결로 본 것이지요. 사회가 복잡해지고 물질주의가 팽배한 오늘날, 물질적 삶에서 벗어나 단순한 삶을 추구하기를 바라는 이들에게는 에피쿠로스야말로 가장 훌륭한 스승일 것입니다.

스토아학파,
회랑을 서성이며 철학하다

한 청년이 델포이로 신탁을 받으러 갔습니다. 그가 신에게 묻습니다.

"내가 갈 곳은 어디입니까?"

신탁은 이렇게 나왔습니다.

"죽은 이에게 가라!"

그는 집으로 돌아와 신탁의 의미에 대해 곰곰이 생각했습니다. 신탁의 가르침이 죽으라는 소리는 아닐 것이므로, 그는 죽은 철학자들의 책에서 길을 찾으라는 뜻으로 이해했습니다. 그로부터 책 읽기를 좋아한 청년은 이후 철학사에서 큰 획을 그었던 스토아학파의 창시자가 됩니다. 그가 바로 제논입니다.

스토아학파는 제논으로부터 2세기 로마 시대까지 약 오백 년 동안 지속되었습니다. 그런데 에피쿠로스학파가 오랜 세월이 지나도 스승의 가르침에 충실했던 반면, 스토아학파는 많은 변화를 겪게 됩니다. 그래서 제논과 동 시대에 활동했던 클레안테스와 크리시포스를 초기 스토아 철학자로, 파나이티오스와 포세이도니오스를 중기 스토아 철학자로, 그리고 로마 시대에 활동했던 세네카와 에픽테토스, 마르쿠스 아우렐리우스를 신新 스토아 철학자로 구분합니다.

스토아학파의 창시자, 제논

제논은 키프로스 섬 남쪽 연안의 키티온이라는 도시에서 기원전 333년에 태어났습니다. 그의 외모는 소크라테스만큼이나 볼품이 없었습니다. 바싹 마른 몸에 목은 구부정하고, 다리가 짧은데다 피부도 거무스름했습니다. 어린 시절의 소크라테스 별명이 '개구리'였다면, 제논의 별명은 '이집트의 포도넝쿨'이었다고 합니다. 이로써 유추해 볼 때 제논은 그리스 사람이 아니라, 오늘날 시리아 해안지대에 위치한 페니키아 사람이 아닌가 싶습니다. 그의 아버지 므나세아스는 소아시아와 그리스 사이의 바다를 끼고 무역업에 종사했습니다. 그는 아테네에 들를 때마다 아들을 위해 철학 책을 사 주었다고 합니다.

성년이 된 제논은 아버지와 함께 항해를 자주 다녔습니다. 어느 날 페니키아에서 천을 싣고 아테네로 항해하던 중 제논과 그의 아버지가 탄 배가 좌초를 당하게 됩니다. 겨우 목숨을 건진 제논은 항해와 자신의 직업에 회의를 느끼게 되는데, 심신이 지쳐 있던 차에 우연히 들른 책방에

스토아학파의 창시자인 제논. 제논의 역설로 유명한 엘레아의 제논과 구분하기 위해 흔히 키티온의 제논이라 불린다.

서 크세노폰이 쓴 《소크라테스의 회상》을 읽습니다. 이때 그는 책 속의 주인공인 소크라테스라는 인물에 푹 빠지게 됩니다. 그리고 자신도 모르게 외쳤습니다.

"소크라테스와 같은 사람을 만날 수만 있다면 얼마나 좋을까!"

그러자 책방 주인이 마침 옆을 지나가던 한 노인을 가리키며 말했습니다.

"저기 저 영감을 따라가 보시오."

그 노인은 바로 '개 같은' 디오게네스의 제자인 크라테스였습니다.

이렇게 해서 제논은 크라테스의 제자가 되었습니다. 그러나 그는 뻔뻔하게 살아가는 키니코스학파의 일원이 되기에는 너무 점잖은 사람이었습니다. 스승은 그에게 '개같이' 살라고 가르쳤지만, 제자는 그의 말을 따를 수가 없었던 거지요. 그는 더 이상 크라테스와 함께할 수 없어서 메가라학파의 스틸폰 문하에 들어갑니다. 그곳에서 잠시 배운 다음에는 크세노크라테스가 원장으로 있던 아카데메이아에 갔다가, 그가 죽자 다시 메가라학파의 디오도로스에게 갔습니다. 이후 아카데메이아에서 폴레몬의 가르침을 받게 되는데, 아테네에 와서 첫 스승인 크라테스를 만난 것이 그의 삶에 있어서 가장 중요한 사건이었지요. 제논은 훗날 이때를 회상하며 늘 이렇게 말했다고 합니다.

"바다 여행은 최악이었지만 좌초는 최선의 사건이었다."

제논은 크라테스를 비롯한 여러 선생에게 배운 뒤 독립해서 아테네의 아고라에 있는 채색 주랑에서 사람들을 가르쳤습니다. 이곳은 몇 해 전 30인의 참주들이 천사백 명의 민주주의자들을 처형한 장소로, 주랑의 그림을 그린 사람의 이름을 따서 폴리그노토스의 주랑이라고 불렸습니다. 주랑柱廊이라는 말은 그리스어로 '스토아stoa'인데, 여러 기둥이 세워진 긴 복도를 뜻합니다. 이곳에서 철학을 했다고 해서 제논과 그의 제자들이 스토아학파라고 불리는 것이지요. 제논이 스토아에서 가르치게 된 것은 에피쿠로스와는 달리 정원을 살 돈이 없었거나, 아니면 그가 아테네 시민이 아니라서 땅을 구입할 수 없었기 때문입니다.

여러 학파에서 공부한 제논은 다양한 철학적 입장을 자신의 철학 안에 녹여 냅니다. 그는 주랑에서 철학의 세 가지 중요한 분과인 논리학, 자연학, 그리고 윤리학을 가르쳤습니다. 스토아 철학자들은 논리학이 철학의 뼈와 같으며, 윤리학은 살, 그리고 자연학은 영혼이라고 말합니다. 그림에도 제논은 윤리학을 가장 중요한 학문으로 여겼습니다.

제논의 저서는 오늘날 전해지지 않고 있습니다. 그 시대에 가장 유명했던 그의 저술은 《국가》였습니다. 플라톤의 저서인 《국가》를 참고한 듯합니다만, 책의 내용은 플라톤의 유토피아 사상과 키니코스학파의 몇몇 요소가 결합된 것이라고 전해집니다. 책에서 제논은 당시의 교육제도를 비판하고, 체육관이나 법정, 사원의 건설을 시간 낭비라고 묘사했습니다. 그는 부인들을 공유하는 공동체를 추천하였고, 여기에서는 남녀 모두가 간소한 옷차림을 해야 한다고 주장합니다. 또한 화폐 제도는 폐지되어야 하며, 모든 사람들에게 동일한 법체계가 적용되어 전 인류가 공통의 법에 따라 인도되고 성장하는 한 무리처럼 되어야 한다고도 주장합니다.

제논은 오직 덕만이 행복에 이르는 데 필요하며, 덕 하나만으로도 충분하다고 가르칩니다.

"쾌락과 고통 사이에는 아무런 차이가 없다. 중요한 것은 덕행일 뿐이다."

그에 따르면 존재하는 다양한 것들 중에, 어떤 것은 선하고 어떤 것은 악하며, 또 어떤 것은 선하지도 악하지도 않다고 합니다. 그중 선한 것들이 덕이 되는데, 지혜, 정의, 용기, 절제 등이 이에 속합니다. 악한 것들로는 어리석음, 불의 등을 들 수 있습니다. 선하지도 악하지도 않은 것들은 우리에게 도움도 되지 않고 해를 입히지도 않는 것들로서 예를 들면 건강, 삶, 쾌락, 아름다움, 강건함, 부, 명성, 좋은 가문 그리고 이에 반대되는 죽음, 질병, 고통, 추함, 나약함, 가난, 악명, 비천한 가문 등입니다.

제논은 이들 선하지도 악하지도 않은 것들을 '상관없는 요소들'이라고 불렀습니다. 상관없는 요소들은 나의 의지와는 무관하게 나에게 주어진 것들입니다. 예를 들어 내가 부자로 태어난 것이나 잘생긴 것, 아니면 가난하거나 못생긴 것은 내가 어떻게 할 수 있는 일들이 아닙니다. 운에 의해 결정되는 것들이지요. 이것들은 분명 사람들이 간절히 바라거나, 혹은 혐오하는 요소임에 틀림없습니다. 그렇기에 고통을 감수하고서도 예뻐지기 위해 성형을 하니 말입니다. 그러나 제논은, 이것들이 우리가 행복하게 사는 것과는 무관하다고 생각했습니다. 우리의 삶과는 상관없는 요소들인 것이지요. 역으로 말하면, 상관없는 요소들이 있든 없든 간에 우리는 완벽하게 행복한 삶을 살 수 있다고 보았습니다.

그런데 선한 삶을 사는 데 방해가 되는 요소가 있습니다. 그것을 제논은 정념(충동, 감정)이라고 했습니다. 그는 "정념이란 우리를 이성으로부터 멀어지게 하는 것이고, 영혼의 본성에 반대되는 것이다."라고 했는데, 정념 중에서도 쾌락과 고통, 욕망과 두려움, 이 네 가지는 가장 위험한 것으로 간주되었습니다. 따라서 선한 삶을 살고자 하는 사람은 이러한 정념에서 해방되어야 하며, 그렇게 해서 초연한 삶, 즉 '아파테이아'를 잃지 말아야 한다고 가르칩니다.

'아파테이아'는 그 어떤 것으로부터도 흔들리지 않는 마음의 상태를 의미합니다. 스토아학파가 주장하는 아파테이아는 쾌락이나 고통 등 마음에서 생겨나는 일체의 동요에서 벗어남을 의미합니다. 우주는 철저하게 이성에 의해 움직이고 있고, 인간 또한 이성을 가진 존재이기에 우주적 이성, 다시 말해 로고스를 이해하고 그에 따라 살 때 비로소 아파테이아에 도달할 수 있다고 가르치지요. 그들에게는 어떤 좋음, 혹은 나쁨에 흔들리는 삶이 아니라 오직 이성의 명령에 따르는 '의무'가 가장 중요

고대 아고라의 동편에 있는 아탈로스 주랑Stoa of Attalos의 모습. 스토아학파는 주로 주랑에서 철학을 했는데, 이 주랑은 기원전 2세기경 지어졌다가 현대에 복원되었으며 길이가 120m에 달한다. ⓒ DerHexer

한 삶입니다.

철학사에서는 경쟁관계에 있는 두 철학자나 학파를 종종 볼 수 있습니다. 그중 대표적인 경쟁관계로 언급되는 학파가 에피쿠로스학파와 스토아학파입니다. 이 두 학파는 헬레니즘 시대를 관통하면서 발전하여 로마 시대를 지배한 철학이지요.

정신적 쾌락을 통해 아타락시아를 추구한 에피쿠로스학파나 금욕을 통해 아파테이아에 도달하려 했던 스토아학파는 비록 출발점은 다르지만, 마음의 평정을 목표로 삼았다는 점에서는 서로 통한다고 볼 수 있습니다. 다만, 에피쿠로스학파가 에피쿠로스의 철학을 계승하고 실천했다면, 스토아학파는 창시자인 제논의 철학을 계승하기보다는 스승과는 다른 다양한 철학적 주장들을 펼치게 됩니다. 그럼에도 그들을 스토아학파로 부르는 것은 가장 기본적인 철학적 입장이 같기 때문이지요. 그것이 바로 '아파테이아'의 추구입니다.

제논은 자신의 가르침대로 스스로도 쾌락을 멀리하고 선한 삶을 살았는데, 그와 관련해 이런 일화가 전해져 옵니다.

어느 날 피리 부는 일을 하는 아주 예쁜 여자가 한밤중에 그의 방을 찾아와서는 발가벗은 채로 제논의 품에 안겼습니다. 그러나 제논은 슬그머니 그녀의 손을 붙잡고 자신의 제자 중에서 가장 젊은 페르세우스의 방으로 안내했다고 합니다. 한편으로, 그는 축제나 모임처럼 사람이 많은 곳이나 시끄러운 곳을 싫어했다고 합니다. 말수가 아주 많은 제자에게 제논은 이렇게 말했다고 하지요.

"여보게, 우리에게 귀가 두 개, 입이 하나가 있는 이유는 듣기를 많이 하고 말은 적게 하라는 뜻이라네."

제논은 일흔 살 때쯤 스토아에서 돌아오던 중에 스스로 호흡을 끊어 자살했다고도 하고, 단식을 해서 죽었다고도 합니다. 수업을 마치고 나가는 길에 주랑 계단에서 떨어져 죽었다는 이야기도 있습니다. "그대가 나를 부르니 갈 수밖에!" 이것이 그의 마지막 말이었습니다.

아테네 사람들은 제논을 무척이나 존경하였습니다. 그래서 사람들은 제논에게 아테네로 들어오는 관문의 열쇠를 맡겼다고 합니다. 그가 죽었을 때 아테네 의회는 그의 철학이 아테네에 끼친 공석을 칭송하며 황금관을 증정하고, 국비로 묘비와 동상을 세워 주었지요.

스스로를 꾸짖던 철학자, 클레안테스

기원전 263년경 제논이 세상을 뜨자 클레안테스는 예순 살의 나이에 스토아학파의 2대 교장이 됩니다. 그런데 그는 스스로를 꾸짖는 이상한 버릇이 있었습니다. 그가 대로에서 혼자 큰소리로 말하는 모습을 본 사람들이 누구와 이야기하느냐고 물으면 그는 이렇게 대답했다고 합니다.

"나는 이 멍청한 늙은이를 꾸짖는 중이네. 흰머리는 가득한데 머리에는 든 것이 없는 이 늙은이를 말일세."

클레안테스는 파니아스의 아들로 기원전 331년경 아소스에서 태어납니다. 그의 집안은 가난해서 어려서부터 잡다한 일을 했다고 합니다. 게다가 그는 철학자의 이미지와는 거리가 먼 권투선수 출신입니다. 아테네로 와서 권투선수로 명성을 떨치지요. 한번은 선수들이 행진 중에 세찬 바람이 불어서 걸치고 있던 망토가 날렸는데, 그때 그는 망토 안에 아무것도 입고 있지 않았습니다. 그의 알몸을 본 아테네 사람들은 그의 몸에 반해 버렸다고 합니다. 이 일로 인해 그는 아테네의 유명인사가 되었는데, 제논에게 철학을 배우기 위해 권투를 그만두었습니다. 낮에는 스토아에서 제논의 수업을 듣고 밤에는 정원에 물을 주는 일이나 밀가루 반죽 일을 했다고 합니다. 이런 사정을 알게 된 아테네 사람들이 돈을 모아 주었지만, 스승인 제논은 그 돈을 받지 못하게 했습니다.

클레안테스는 종교적인 성향이 매우 강했습니다. 그는 제우스에게 바치는 노래인 〈제우스 송가〉를 썼는데, 제우스를 세계영혼(우주나 세계를 지배하는 원리가 되는 정신)이자 세계 이성으로 찬양하며 스토아 신학에 커다란 영향을 주었습니다. 훗날 성 바울이 아테네인에게 행한 설교에서 이를 인용하기도 했지요. 그 노래의 시작은 이렇습니다.

가장 존귀한 신이며 수많은 이름으로 경배되는 전능한 그대, 자연의 지배자 제우스신이여 영원하소서. 법칙에 따라 만사를 움직이는 그대, 모든 유일한 존재가 그대를 경배하도록 허락하소서. 우리는 그대에게서 나왔고 지상에서 살며 떠도는 모든 것 중에서 유일하게 그대의 신성을 닮았으니, 그러므로 나는 그대를 찬양하리라. 당신의 섭리를 항상 찬미하리라. 지구를 둘러싸고 질서 정연하게 펼쳐져 있는 삼라만상은 당신이 이끄시는 대로 따르며, 기꺼이 그대의 지배를 받으리라.

이 송가는 기독교 성서에 나오는 신에 대한 찬가와 비슷합니다. 그러나 스토아학파의 신관은 기독교적 신 개념과는 크게 다릅니다. 스토아학파의 신은 세계와 분리되지 않으며, 세계의 물질적인 구성요소로 작용하고, 법칙에 따라 움직이는 존재입니다.

제논에 따르면 세계는 물론, 신과 영혼도 물질로 이루어져 있습니다. 신은 물질 속에 스며있는 이성이라고 해도 좋을 것입니다. 따라서 신은 세계와 따로 떨어져 있지 않습니다. 신은 때로는 이성적인 힘이 되고, 때로는 영혼이 되고, 또 때로는 자연이 됩니다. 그러나 신과 세계는 같은 물질이기는 해도, 신은 능동적 원리이고 세계는 수동석 원리입니다. 다시 말해 실력을 행사하는 것은 신이고, 신의 그 행사를 따르는 것이 물질입니다. 그의 신관은 서양 철학사 최초의 범신론이 되어 후대의 신학적 기초에 큰 영향을 미치는데, 그것이 바로 '의무'입니다. 의무를 다한다는 것은 다름 아닌 내부에서 들려오는 신의 목소리에 순응한다는 뜻이기 때문입니다.

클레안테스는 거의 백 살 가까운 나이까지 살았습니다. 그는 치통 때문에 의사를 찾았는데, 며칠 동안 단식하라는 처방을 받았다고 합니다. 그런데 며칠이 지난 다음에도 그는 단식을 그만두지 않았습니다. "아무 것도 먹지 않고 며칠 지내고 보니 그렇게 좋을 수가 없군. 그래서 계속 단식을 하기로 했네."라고 말하며, 그는 스토아 철학자답게 스스로 죽음을 택했습니다.

웃다가 죽은 철학자, 크리시포스

클레안테스의 뒤를 이어 스토아학파 3대 교장이 된 사람은 크리시포스였습니다. 그는 기원전 279년경 솔로이에서 아포로니오스의 아들로 태어났습니다. 그는 마라톤 선수였는데, 경기에 참여하기 위해 아테네에 왔다가 제논의 강의를 듣게 되었고, 그의 제자가 됩니다. 제논이 죽은 다음에는 클레안테스의 제자가 되는데, 그는 머리가 매우 좋아서 어떤 것이든 금세 깨치는 수재였습니다. 그는 스승인 클레안테스와의 철학적 대화에서 자주 이렇게 말했다고 합니다.

"스승님께서는 그냥 결론만 말씀하시지요. 그것을 입증하는 것은 제가 하겠습니다."

그는 스승의 학설에 완전히 동의하지는 않았습니다. 그래서 스승과 많은 논쟁을 벌였는데, 그때마다 "나는 모든 일에서 행복한 사람이다. 스승을 잘못 만난 것만 빼고는."라며 입버릇처럼 중얼거렸습니다.

크리시포스는 스승들의 이론을 포함하여 스토아철학을 최초로 체계화한 인물입니다. 만약 그가 없었더라면 스토아철학은 존재하지 않았을 것이라고 후대 사람들은 말합니다. 그는 700여 권의 책을 저술한 것으로 알려져 있는데, 그의 글에는 다른 철학자나 고전의 글을 인용하는 부분이 많았다고 합니다. 아폴로도로스는 이를 두고 "크리시포스의 책에서 인용한 부분을 빼고 나면 구두점밖에 남지 않는다."라며 빈정거렸다고 합니다.

크리시포스는 인간은 자연에 순응해야 한다고 가르칩니다. 어떤 것도 자연의 법칙으로부터 벗어날 수 없다고 보았지요. 그러면 스토아학파의 자연관은 무엇일까요?

태초에는 오로지 불만 존재했습니다. 이로부터 점차 다른 요소들과 우주의 여러 천체들이 등장합니다. 그리고 미래의 언젠가는 세계 전체가 불타오름으로써 다시 원래의 불로 돌아가게 될 것인데, 이런 거대한 순환은 끝없이 계속 반복됩니다. 이 모든 과정은 어떤 법칙의 체계, 즉 어떤 예외도 없고 그래서 '운명'이라고 불리는, 그리고 신의 자비로운 목적을 위해 부여된, 그래서 '섭리'라고 불리는 체계에 따라 움직입니다. 그 체계를 그들은 자연이라고 인식했고, 우리 삶의 목표는 바로 이 자연에 따라 사는 것으로 보았습니다.

그러나 크리시포스는 생명의 원리를 불에서 '프네우마(호흡)'으로 생각을 바꿉니다. 인간의 운명은 이미 결정되어 있지만, 동시에 인간은 자유롭게 스스로를 책임져야 하는 존재입니다. 다시 말해, 인간은 운명을 받아들여 그것에 순응해 살 수 있거나, 아니면 그것에 거역해 살 수도 있습니다. 만약 우리가 이성을 따르는 삶을 선택하면 그것은 운명을 받아들이는 것으로, 곧 자연에 따라 산다는 의미입니다. 이처럼 자연의 법칙을 자발적으로 수용하는 태도를 '덕'이라고 할 수 있으며, 덕을 행하는 것은 행복한 삶을 살기 위한 필요충분조건이 됩니다.

어느 날 크리시포스의 집에 있던 노새가 무화과 한 바구니를 먹어 버렸습니다. 크리시포스는 노새에게 포도주도 주라고 일렀습니다. 포도주를 거나하게 마신 노새는 비틀거리며 집 안을 돌아다녔는데, 이 광경을 지켜본 그는 얼마나 웃어댔던지 그만 몸이 뻣뻣하게 굳어 쓰러져서는 다시는 일어나지 못했다고 합니다. 그의 나이 일흔세 살이었습니다.

제논과 클레안테스의 뒤를 이어 스토아철학을 체계화한 크리시포스의 두상. 그는 세계가 신적 로고스에 의해 지배되며, 모든 불행은 이 로고스의 질서에서 벗어나기 때문에 생겨나는 것으로 보았다.

중기 스토아 철학자, 파나이티오스와 포세이도니오스

이름조차 외우기 어려운 이 두 명의 철학자는 스토아 철학 1세대와는 분명히 다릅니다. 이들은 초기 스토아 철학자들이 얽매였던 강한 도덕적 경직성에서 벗어납니다. 아마도 많은 여행을 통해 얻은 삶의 융통성을 스토아 철학에 결합시켰기 때문일 것입니다. 이들의 도덕관념은 스승 제논보다는 오히려 아리스토텔레스에 더 가까워 보입니다. 스승 제논이, 인간이 행복해지기 위해 '상관없는 요소들'이라고 했던 것들 중에서 건강이나 재산, 아름다움 같은 좋은 것들이 약간은 필요하다고 인정하니까요.

또한 이들은 제우스와 자연, 운명을 동등하게 여겼던 초기 스토아 철학자들과는 달리, 첫 자리에는 제우스, 둘째 자리에는 자연, 그리고 마지막 자리에 운명을 자리매김함으로써 새로운 우주 질서를 만들어 냈습니다. 이러한 질서는 초기 스토아 철학자들이 보였던 유물론적 특징으로부터 벗어나 종교적인 면을 강조하게 된 것이었습니다.

파나이티오스는 기원전 185년경 로도스 섬에서 태어났습니다. 그는 아테네로 건너가 아카데메이아와 리케이온 등 여러 학교를 전전했습니다. 그 후 스토아 철학자 셀레우키아의 디오게네스의 제자가 되면서부터 스토아철학에 전념합니다. 나이 사십에는 로마로 건너가 그리스 문화에 빠져 있던 지식인들과 교류를 가지는데, 이로써 스토아철학을 로마에 선파한 최초의 인물이 됩니다. 그는 중동 지역을 여행하면서 다양한 사상들을 접했으며, 기원전 129년에는 아테네로 돌아와 스토아학파의 지도자가 됩니다.

그의 제자인 포세이도니오스는 시리아의 아파메이아 출신으로 아시아 사람이었습니다. 그는 아테네에서 공부하고 로도스 섬에 정착합니다. 모든 분야에 통달했다고 하는데, 그가 로도스 섬에서 가르친 학문은 기상학, 인종학, 천문학, 심리학, 자연학, 역사학 그리고 철학이었습니다. 그의 학교는 짧은 시간에 유명해졌습니다. 로마에서까지 많은 사람들이 유학을 왔고, 폼페이우스나 키케로 같은 유명 인사도 그 안에 포함되었다고 합니다. 그는 당시 그리스 철학자들 중에서 여행을 가장 많이 했다고 전해지는데, 이런 말을 남겼습니다.

"나는 나의 눈으로 우리가 알고 있는 세계 저쪽, 대서양으로 지는 해를 보았고, 아프리카의 해안에서 원숭이가 주렁주렁 매달린 나무들도 보았다."

포세이도니오스는 로도스 섬에 세운 학교를 떠나 스승 파나이티오스와 함께 로마로 건너가 스토아 철학을 소개하게 됩니다. 그들의 철학과

스토아 철학자 중 가장 학식 있는 사람으로 알려진 포세이도니오스의 두상. 그는 천문학과 자연과학, 수학에 능했는데, 지구의 지름, 조수에 미치는 달의 영향, 태양과의 거리와 질량 등을 계산하기도 했다.

강의는 로마 사람들에게 큰 인기를 얻습니다. 비록 그리스인처럼 학문적으로 세련되지는 못했지만 로마 사람들은 검소하고 투철한 도덕관념을 가지고 있었습니다. 이들의 생활방식은 마치 고대 그리스의 황금기로 되돌아간 듯한 느낌을 주기에 충분했던 것 같습니다. 사람들은 아직 로마제국이 이룬 영화에 물들지 않았을 때였고, 그러면서도 실용주의적 감각이 강했을 때였습니다. 또한 로마인들은 명예와 자신의 의무를 중시하였습니다.

스토아철학은 이러한 로마인들의 특성과 닮은 점이 많았습니다. 스토아 철학자들 역시 로마인들의 그 같은 실용정신을 배워 자신들의 철학에 녹이게 됩니다. 이러한 교류로 인해 결국 스토아철학은 로마 시대에 유일한 그리스철학으로 남게 됩니다.

포세이도니오스에 따르면 인간이 정념, 즉 충동이나 감정을 이기기 위해서는 영혼의 비이성적인 측면을 이성적인 측면에 종속시켜야 한다고 했습니다. 스토아학파의 스승들은 정념을 영혼의 본성과는 관계없는 오로지 지나친 충동에 불과하다고 생각했습니다. 반면에 그는 정념을 영혼의 한 부분으로 여겼습니다. 영혼은 정념과 이성으로 이루어지며, 영혼의 이성적인 부분이 정념적인 부분을 이기고 종속시킬 때 우리의 덕성이 생긴다고 본 것입니다. 그런 이유로, 그는 고통 또한 정념이며 이성을 통해 고통을 이길 수 있다고 생각했습니다.

키케로는 포세이도니오스와 폼페이우스가 만나 토론한 한 장면을 소개합니다. 포세이도니오스는 관절염을 무척이나 고통스러워했는데, 폼페이우스와 토론 중에 관절에 엄청난 통증이 오자 그는 이렇게 말했다고 합니다.

"고통이여, 그대는 절대로 나를 이길 수 없네. 그대가 아무리 성가시게 군다 해도, 나는 그대를 악이라고 인정하지 않을 테니까."

포세이도니오스의 철학과 삶에 대한 태도는 로마 시대의 신 스토아철학에 영향을 미치게 됩니다. 그는 관절염이라는 고통에도 불구하고 아흔 살에 세상을 떠납니다.

죽음을 넘어선 철학자, 세네카

세네카를 비롯한 로마 시대의 신 스토아 철학자들은 철학사적인 관점에서는 그리 중요하지 않습니다. 그러나 그들을 대표하는 세 인물의 저작들이 고스란히 보존되어 내려왔고, 그들의 생애에 관해서도 꽤 많은 내용이 알려져 있습니다. 그들은 로마 시대를 관통해 스토아학파의 전통을 유지하였으며, 이전의 스토아철학을 '인생의 철학' 혹은 '삶의 지혜'로 응축시켰습니다. 그들의 사회적 지위는 제각기 달랐지만 모두가 스토아학파의 가르침을 따른 사람들이었습니다. 유명한 정치가이자 웅변가였던 세네카, 노예 출신인 에픽테토스, 로마 황제인 마르쿠스 아우렐리우스가 바로 그들입니다.

세네카(BC 4 추정~AD 65)는 에스파냐의 귀족 집안 출신으로 기원전 4년에 태어났습니다. 그는 갓난아기일 때 집안이 로마로 이사를 와서 자라면서 웅변술과 철학, 법률을 배우고 변호인 생활을 거쳐 장관의 지위에까지 오릅니다. 그가 살았던 때는 폭력과 광기의 시대였습니다. 근친상간, 존속살해, 집단학살 등 인간이라는 존재가 어디까지 악해질 수 있는지를 실험이라도 하듯이 끔찍한 사건들이 이어졌습니다. 그런 시대에 정치가가 된다는 것은 안정적인 삶을 일찍이 포기하는 것과 같았을 것입니다.

당시에 황실의 정치적 위험은 '여인들의 전쟁' 때문에 생긴 것입니다. 마치 우리나라 왕실 드라마를 보는 듯합니다. 왕비와 후궁들 사이의 야욕과 암투에 의해 국정이 농락당하고 맙니다. 로마의 제3대 황제 칼리굴라가 암살되고 그의 숙부 클라우디우스가 황위에 올랐는데, '우둔한' 클라우디우스는 칼리굴라 황제의 누이동생인 아름답고도 우아했던 리위라와, 아름답지만 악독했던 아그리피나를 로마로 불러들입니다. 그러자 황후 메살리나는 재색을 겸비한 리위라를 질투하게 됩니다. 황후는 리위라가 세네카와 간통했다고 헛소문을 퍼뜨립니다. 황후의 어이없는 무고로 마흔다섯 살의 세네카는 코르시카 섬에서 8년 동안 유배 생활을 해야 했습니다.

그러나 그는 이 외로운 시간 동안 철학에 몰두했습니다. 이 시기에 쓴 글 중에《인생이 왜 짧은가》에는 이런 구절이 있습니다.

우리는 수명이 짧은 것이 아니라 많은 시간을 낭비하고 있는 것이오. 인생은 충분히 길며, 잘 쓰기만 한다면 우리의 수명은 가장 큰 일을 해내기에도 넉넉하다오. 하지만 인생이 방탕과 무관심 속에서 흘러가 버리면, 좋지못한 일에 인생을 다 소모하고 나면, 그때는 마침내 죽음이라는 마지막 강요에 못 이겨 인생이 가는 줄도 모르게 지나가 버렸음을 뒤늦게 깨닫는 것이오.

여인들의 전쟁에서 최종 승자는 아그리피나였습니다. 황후 메살리나는 황제를 음해하려다 발각이 되어 사형을 당합니다. 이후 클라우디우스 황제는 아그리피나를 황후로 선택하는데, 그녀는 자신의 아들 네로의 교육을 위해 세네카를 복권시킵니다. 그리고 아들을 황제의 자리에 앉히기 위해 남편인 클라우디우스 황제를 암살합니다. 그때 네로의 나이는 열일곱이었습니다. 덩달아 세네카는 섭정을 통해 최고의 권력을 누리게 됩니다.

이후 네로는 자신의 부하의 아내인 포파에아와 결혼하려 했지만 생모인 아그리피나가 반대를 합니다. 그러자 포파에아는 네로를 부추겨 생모를 죽이게 하고, 이때 세네카는 어머니를 죽인 황제 네로에게 원로원에서 자신을 변호할 변론문을 써 줍니다. 이로써 세네카는 네로 황제의 신임과 엄청난 부를 얻게 되지요. 그러나 세네카는 권력의 정점에서 네로 황제에게 간청해 은퇴를 하게 됩니다. 자신에게 남은 것은 파멸뿐이라는 사실을 깨달았기 때문입니다.

세네카는 은퇴 후 한가로이 철학적인 사색과 저술의 시간을 가졌지만, 행복의 시간은 오래가지 못했습니다. 네로 황제는 역적모의에 가담했다는 혐의를 씌워 그에게 자살을 명합니다. 이때 세네카는 슬픔에 빠진 친구들에게 이렇게 말합니다.

"여러분은 이제까지 배운 철학을 잊었는가? 어미를 죽이고, 아우를

쳐 죽인 자가 이제 스승을 죽이는 것 외에 무엇이 남아 있겠는가?"

이렇게 말하고서 그는 황제의 선물인 독미나리를 마셨습니다. 그러나 독이 잘 퍼지지 않자 노예에게 부탁해 뜨거운 욕탕 속에 들어가 그곳에서 죽음을 맞습니다.

그는 평소 죽음에 대해 다음과 같이 말했습니다.

나는 이미 오래전부터 죽음이 무엇인지 알고 있다. 죽음은 비존재이다. 죽은 다음 나는 태어나기 전의 상태로 되돌아갈 것이고, 태어나기 전에 고통을 당하지 않았으니 죽은 다음에도 고통은 없으리라. 인간은 불이 꺼진 뒤에도 그 불을 켜기 전보다 나빠질 것이 없는 반딧불이 같은 존재이다. 죽음의 문을 통과하는 잠깐 동안의 순간에만 고통이 느껴질 뿐이다.

세네카는 세속에 찌든 삶을 살았으면서도, 올바른 이성에 의해 인간답게 살아갈 수 있으며 철학이란 그 같은 선을 추구하는 학문이라고 주장했습니다. 그의 죽음은 스토아적이지만, 그의 삶은 그렇지 않았지요. 그는 호화로운 생활을 즐겼고 돈을 모으는 데도 악착같았습니다. 그는 영국 섬사람들에게 높은 이자를 받고 돈을 빌려주는 고리대금업을 하였는데, 61년에 영국인들이 로마에 대한 반란을 일으켰을 때 타키투스란 사람은 반란의 원인이 세네카의 고리대금이었다고 말합니다. 자신의 호화로운 생활에 대한 주위의 비난에 대해 세네카는 "나로 말하자면 아의 깊은 맛 속에서 사는 것이다."라고 변명했다고 합니다. 한번은 친구에게 "부자란 자신들이 돈을 넣고 다니는 전대만 한 가치도 없는 사람들이네.

에스파냐 코르도바에 소재한, 네로 황제 앞에서 철학을 강의하는 세네카의 모습. 고대 로마의 철학자이자 정치인, 시인, 비극 작가였던 세네카의 철학적 사색과 비극적 삶의 결말은 오늘날에도 깊은 여운을 남기고 있다. ⓒ Hoshidoshi

인간이라기보다는 장식품인 셈이지."라는 편지를 쓰기도 했습니다. 한 손으로 이런 편지를 쓰고, 다른 손으로는 고리대금업에 열중한 그를 우리는 어떻게 이해해야 할까요?

노예에서 철학자로, 에픽테토스

세네카의 뒤를 잇는 철학자는 에픽테토스라는 사람입니다. 아마도 그만큼 자신의 운명적 불행을 즐기며 살았던 철학자는 찾아보기 힘들 겁니다. 그는 자신의 불행을 스토아적 가르침을 통해 견디어 내면서 일상적 삶의 문제를 철학적으로 해결하고자 했습니다. 그 같은 철학적 기질은 그의 출생에서부터 비롯되었는지도 모르겠습니다.

그는 오늘날 터키 서남쪽에 위치한 피뤼기아 지방에서 50년경에 태어났습니다. 고대의 역사 백과사전인 《수다》에 따르면 그는 네로 황제의 경호원인 에파프로디토스의 노예였습니다. 류머티즘으로 다리를 절었고, 그리스 북서부의 니코폴리스에 정착해 마르쿠스 아우렐리우스 황제의 치세에 이르기까지 살았다고 합니다. 그의 이름 에픽테토스는 '곁다리로 얻은'이란 뜻으로 부모가 노예였던 듯합니다. 그는 로마로 팔려가 노예의 노예가 된 셈이지요. 스토아적인 삶의 방식을 극적으로 묘사하기 위해 그가 다리를 절게 된 다른 버전의 이야기가 전해 내려오는 게 있습니다. 하루는 주인인 에파프로디토스가 에픽테토스를 화나게 하려고 그의 다리를 비틀었습니다. 그러자 에픽테토스는 웃으면서 "주인님! 그렇게 계속 비틀면 다리가 부러집니다."라고 말했습니다. 이 말에 오기가 생긴 주인은 다리를 더욱 세게 비틀어 결국 다리가 뚝 부러지고 맙니다. 그럼에도 에픽테토스는 태연히 말합니다.

"거 보세요. 계속 비틀면 다리가 부러진다고 하지 않았습니까?"

그는 주인의 배려로 무소니우스 루푸스 밑에서 철학을 공부하였고, 이후 노예에서 해방되어 자유인의 신분을 얻게 됩니다. 그러고는 루푸스의 후원 아래 로마에서 철학을 가르칩니다. 95년경에 도미티아누스 황제가 철학자 추방령을 내린 다음에는, 니코폴리스로 옮겨가 그곳에 학교를 세우고 철학을 가르칩니다. 그의 평판은 하드리아누스 황제가 초청할 만큼 유명해졌습니다.

"그대도 철학을 하고 싶은가? 그렇다면 사람들에게 조롱받을 각오를 해야 한다. 그러나 오늘 그대를 조롱하는 사람들이 내일에는 그대를 예찬하는 사람이 되리라는 것을 알라."

그의 말대로, 에픽테토스는 도미티아누스 황제에게 조롱을 받았지만 하드리아누스 황제는 그를 예찬했습니다. 그는 가족과 결혼 생활을 단호히 거부했는데, 생명이 위태로운 아이들을 양자로 삼았고 이들을 돌보기 위해 독신생활을 청산하고 부인을 두었다고 합니다.

에픽테토스는 소크라테스처럼 저서를 남기지 않았습니다. 그의 사상과 어록은 수제자였던 아리아누스가 꼼꼼하게 기록한 것입니다. 그는 여덟 권의 《담화록》을 남겼는데 현재 네 권만 전해집니다. 이 책은 나중에 일반 대중을 위한 요약판으로 편집되었고, 그 제목을 《엥케이리디온》이라고 하였습니다.

에픽테토스는 '자유와 노예'를 자주 논의 주제로 삼았습니다. 그에게 있어 '자유'란 인간이면 누구나 누릴 수 있는 정신적 자유를 뜻합니다. 반대로 노예란 외적 조건으로 스스로를 속박하는 정신적 부자유 상태인 것이지요. 이와 관련해 그는 "인간은 벌어진 일 때문이 아니라, 그 일에 대한 자신의 의견과 판단 때문에 고통받는다."라는 말을 하기도 했지요. 그의 사상을 요약하면 다음과 같습니다.

모든 존재하는 것의 일부는 우리의 힘 안에 있고, 다른 것은 우리의 힘 안에 있지 않다. 우리 힘 안에 있지 않은 것은 몸, 재산, 평판, 관직 등 우리의 행동을 포함하지 않는 것들이며, 우리 힘 안에 있는 것은 생각, 욕구, 얻고자 하는 의지 등 우리의 행동을 포함하는 것들이다. 그러므로 우리 힘 안에 있지 않은 것들을 위해서 스스로를 해치는 것은 무익한 일이다. 몸이 아프거나 재산이 없는가? 그렇다면 그것 때문에 고통스러워하는 것은 잘 못된 일이다. 우리에게 달린 일이 아니기 때문이다.

그가 말하고자 한 것은, 진정한 자유는 신분이나 일체의 외부적 조건에 의해 결정되는 게 아니라, 내가 어떻게 생각하고, 욕구하고, 선택하는지에 따라 자유와 노예적 삶이 결정된다는 것입니다. 그는 노예 신분이었지만 진정한 자유인이었고, 네로 황제는 제왕의 신분이었지만 노예와 다름없는 삶을 살았다고 볼 수 있는 것이지요. 《엥케이리디온》에 실린 수많은 명언 중에 하나만 읽어 보겠습니다.

"이 세상에 사는 동안 그대는 특정한 역할을 맡은 한낱 배우일 뿐이라는 사실을 기억하라. 그러므로 그대의 역할이 짧든 길든, 걸인이든 재판관이든, 대단한 사람이든 평범한 사람이든, 그대의 역할을 잘 연기하도록 하여라."

노예 신분을 극복하고 후기 스토아학파의 대가가 된 에픽테토스의 삽화. 소크라테스를 자신의 철학 모델로 삼은 그는 대화를 통한 깨달음을 중시했으며, 인간의 내적 자유에 주목해 스토아철학의 윤리학 발전에 크게 기여했다.

맨바닥에서 잠을 잔 황제, 아우렐리우스

"황제 티를 내거나 궁전 생활에 물들지 않도록 조심하라. 그러기가 쉽기에 하는 말이다. 따라서 늘 소박하고, 선하고, 순수하고, 진지하고, 가식 없고, 정의를 사랑하고, 신을 두려워하고, 자비롭고, 상냥하고, 맡은 바 의무에 대하여 용감한 사람이 되도록 하라. 철학이 너를 만들려고 했던 그런 사람으로 남도록 노력하라."

마르쿠스 아우렐리우스가 지은 《명상록》의 한 구절입니다. 플라톤은 철학자가 왕이 되거나 왕이 철학에 몰두하지 않는 이상 세상의 어지러움은 사라지지 않는다고 했습니다. 그로부터 5백년이 지난 후 플라톤의 철인정치를 실현한 인물이 등장합니다. 그가 로마제국의 황제로 등극한 마르쿠스 아우렐리우스(재위 161~180)입니다.

그는 121년에 로마의 부유한 귀족 집안에서 태어났습니다. 여덟 살에 아버지를 여의고 할아버지 마르쿠스 안토니우스 베루스에게 입양되는데, 그때부터 그는 당대 최고의 스승들에게서 최고의 교육을 받습니다. 아우렐리우스는 열두 살 때부터 철학자의 복장을 하고, 푹신하고 화려한 침대보다 맨바닥에서 자는 것을 좋아했다고 합니다. 어린 시절부터 자질이 뛰어나 하드리아누스 황제에 의해 미래의 황제로 지명되었고, 안토니우스 피우스 황제에게 입양되어 황제 수업을 받게 됩니다. 이때를 5현제 시대라고 하는데, 이 시대는 친자에게 재위를 물려준 게 아니라 주변 친척 중에서 똑똑하고 유능한 인물을 양자로 입양하여 황제의 후계자가 되게 하였습니다.

161년, 그는 마흔 살에 로마제국 16대 황제이자 5현제의 마지막 황제로 등극하였습니다. 그는 평화를 사랑하였고 선정을 베풀고자 노력했습니다. 그러나 삶의 대부분을 전쟁터에서 보내야 했지요. 2000년에 개봉한 영화 〈글래디에이터〉는 마르쿠스 아우렐리우스 황제가 게르마니아와 전쟁을 치를 때를 배경으로 합니다. 그는 아들 코모두스보다 막시무스를 총애하여 그에게 권력을 넘기려 하지만, 아들은 이에 분노하여 황제를 살해합니다. 그러나 실제로는, 황제 마르쿠스 아우렐리우스의 죽음은 게르마니아와의 2차 전쟁에서 페스트에 걸린 것이 원인이었습니다. 아무튼 영화 속에서 황제는 항상 소크라테스의 상을 가지고 다녔고, 전쟁 중에도 사색을 멈추지 않았습니다.

그가 철학사에 길이 남을 수 있었던 것은 그의 사상이 특별하기보다는 로마제국의 황제였기 때문일 것입니다. 그는 《명상록》이라는 책을 남겼는데, 책의 제목은 후대 사람들이 붙여 준 것입니다. 본래 이 책은 다른 사람들에게 읽히기 위해 쓴 것이 아니라 자기 자신에게 하는 격려와 경계가 목적이었습니다. 책에는 삶의 지혜와 겸손한 자세, 자신의 결점에 대한 충고와 반성, 신의 섭리, 인생의 무상함 등등 여러 주제의 글이 담겨져 있습니다.

임종을 앞둔 그는 한 점의 동요 없이 침대에 드러누워 스스로 하얀 천을 머리 위까지 끌어올린 다음 조용히 죽음을 기다렸다고 합니다.

"죽음은 출생과도 같은 것이며, 자연의 신비다. 출생이 여러 요소의 결합이라면, 죽음은 그것들의 해체로 조금도 곤혹스러워할 일이 아니다."

이런 말을 남기고 그는 쉰아홉 살의 나이로 세상을 떠납니다. 그의 글을 읽어 보면 그가 얼마나 고단하고 불안한 상황에 처했는지를 느낄 수 있습니다. 그는 한마디로 슬픈 황제였습니다. 그럼에도 도덕적 엄격함과 의무에 충실한 삶은 스토아 철학자다운 면모를 잘 보여 줍니다.

불행은 다른 사람의 마음에서 오는 것이 아니다. 그렇다고 불행은 영혼의 외투 혹은 오막살이에 불과한 육체의 조절되지 않은 기질에서 오는 것도 아니다. 그렇다면 불행은 어디서 오는 것일까? 그것은 불행이 존재할 수 있다는 당신의 확신으로부터 온다. 그러므로 그러한 확신을 거부하라. 그러면 모든 일이 순조롭게 될 것이다. 설사 가장 가까운 이웃, 즉 보잘것없는 육체가 절단되고 불에 타고 고름이 흐르고 썩더라도 그것을 불행이라고 판단할 수 있는 이성만은 냉철해야 한다.

그의 죽음은 오백 년을 지속했던 스토아철학의 마지막을 장식했을 뿐만 아니라, 그리스철학의 마지막을 의미하기도 합니다. 3세기의 로마제국은 그리스철학의 정신이 아니라 종교가 지배하게 됩니다. 거대한 제국을 건설한 로마는 외부적으로는 독립과 자유를 요구하는 많은 지역에서 전쟁을 지속해야 했고, 내부적으로는 전쟁을 통해 획득한 부가 로마로 쏟아져 들어오면서 선조들의 검소함과 미덕들이 사라지고 향락적 삶에 빠지게 됩니다. 마르쿠스 아우렐리우스 같은 철학자 황제가 통치했던 시기에는 잠시나마 퇴락의 속도가 늦춰지기도 했지만, 그 흐름을 막을 수는 없었습니다. 그가 죽은 후 로마제국은 미끄럼틀에서 미끄러지듯 퇴락의 길을 되돌릴 수 없게 됩니다.

로마 카피톨리노 광장에 있는 아우렐리우스 기마상. 옆에 있는 카피톨리노 박물관 내의 진본은 180년경에 만들어졌으며, 로마의 현존하는 금도금 동상 중 최고의 걸작으로 꼽힌다. 광장의 기마상은 모각품이다. ⓒ NoJin

이 시기의 로마는 그리스 문화의 영향력이 크게 감소하고, 헬레니즘 문화 속에서 비그리스적 요소들이 차츰 두드러지게 됩니다. 동방 세계로부터 유입된 문화 중에 가장 큰 영향력을 발휘한 것은 신비주의적 요소로 가득 찬 종교였습니다. 메소포타미아와 그보다 더 먼 곳으로부터 다양한 종교들이 서방 세계로 흘러들어 옵니다. 그중에서 결국 기독교가 절대적 우위를 차지하게 되지요. 그와 동시에 신비주의에 빠져드는 경향은 온갖 종류의 미신이 만연하도록 조장하였습니다. 사람들이 이 세상에서의 자신의 운명에 별로 만족하지 못하고 자신의 능력을 믿지 못하게 되자 비합리적인 힘에 의지하게 된 것입니다.

철학에서도 종교적 영향력이 크게 작용하게 됩니다. 로마제국 초기에 주류를 이루었던 스토아철학의 영향력으로 플라톤과 아리스토텔레스의 철학적 전통은 힘을 잃어 버렸다고 앞에서 설명했습니다. 그러나 3세기

무렵, 그리스 고전기의 윤리 사상을 금욕주의적 관점에서 해석하는 새로운 조류가 등장합니다. 이러한 철학적 움직임은 당시 시대상과 잘 맞아떨어졌습니다. 여러 다른 이론이 섞여 만들어진 이 혼합물을 신플라톤주의라고 하며, 이들의 철학은 이후 기독교 신학에 커다란 영향력을 발휘하게 됩니다. 그런 의미에서 신플라톤주의는 고대에서 중세로 건너가는 다리라고 할 수 있습니다. 신플라톤주의에서 고대 철학이 끝남과 동시에 바로 거기서부터 중세 사상이 출발하기 때문입니다.

신플라톤주의는 동양과 서양이 만나는 지점인 이집트 알렉산드리아에서 발생합니다. 이 도시는 페르시아와 바빌론으로부터 들어온 종교적 영향, 이집트 풍습의 자취, 유태 고유의 종교를 실현하려는 유태인 사회, 기독교의 여러 종파들이 섞여 있는 지역입니다. 한마디로 헬레니즘 문화의 중심부라고 할 수 있습니다. 신플라톤주의는 암모니오스 사카스라는 사람에 의해 창시되었다고 하는데, 그에 관해서는 알려진 것이 거의 없습니다. 그의 제자들 중 가장 위대한 인물은 플로티노스였으며, 그가 신플라톤주의의 이론을 정립합니다.

플로티노스,
철학과 신학 사이에 다리를 놓다

잉그마르 베르히만 감독이 1957년도에 만든 영화 〈제7의 봉인〉은 14세기 십자군 전쟁에 참여했다가 돌아온 기사 안토니우스 블로크와 죽음의 사자 사이에 벌어진 이야기를 담고 있습니다.

전쟁에서 돌아온 그는 고국 스웨덴이 페스트와 마녀사냥의 집단적 광기로 황폐해져 가는 모습을 마주합니다. 그러나 침묵만 하고 있는 신에 대해 그는 깊은 의문을 갖게 됩니다. 영화 중 한 장면이 너무나 충격적이어서 아직도 기억에 생생합니다. 페스트로 수많은 사람들이 죽어가고 있는 와중에 수도승들이 온몸을 자해합니다. 채찍이나 칼로 자신의 몸에 상처를 내며 신에게 용서를 빕니다. 모든 죄는 육체 때문에 생겨난 것이라는 믿음 때문이지요.

그들에게 육체는 순수하고 아름다운 영혼을 담은 감옥에 불과합니다.

육체로부터 탈피해 순수하게 신만을 사유할 수 있는 상태가 그들에게는 해방이며 구원입니다. 이러한 극단적인 육체 혐오의 시조는 아마도, 신플라톤주의자로 분류되는 플로티노스였습니다.

육체를 혐오한 철학자, 플로티노스

영혼과 육체를 구분해 육체와 감각을 수준이 낮은 것으로 보는 입장은 플라톤에서 시작했지만, 그가 육체를 혐오하지는 않았습니다. 그러나 플로티노스의 육체 혐오는 매우 극단적입니다. 그는 자신의 몸을 걸치고 다니는 옷보다 더 못하다고 생각했던 것 같습니다. 그런 이유로 그는 자신의 조각상이나 초상화를 만들지 못하게 했습니다. 하루는 제자 아메리오스가 그의 초상화를 그리게 해달하고 청하자, 그는 이렇게 말하며 거절합니다.

"자연이 우리 주위에 얽어 놓은 이 껍데기를 끌고 다니는 것만으로도 힘든데 그것을 그려 오래 보존하려는 까닭을 모르겠네. 그것이 뭐 그리 볼만한 가치가 있는 작품이라고 후세에 남기려고 그러나."

플로티노스에 대한 기록은 그의 수제자였던 포르피리오스에 의해 전해집니다. 그는 《플로티노스의 생애》를 통해 스승의 삶을 소개하고 있는데, "플로티노스는 육체를 가지고 있다는 사실에 대해 부끄럽게 생각한 것 같다. 이런 생각 때문에 그는 자신에 대해 전혀 말을 하지 않았다."라고 말합니다.

신플라톤주의를 대표하는 철학자인 플로티노스의 두상. 영혼의 해탈을 목표로 하는 구원의 철학을 설파하였으며, 특히 삼위일체 사상은 이후 그리스도교 신학과 결부되어 유럽 정신사에 큰 영향을 미쳤다.

　플로티노스는 이집트 리코폴리스에서 205년에 태어납니다. 내성적인 성격에 혼자 있기를 좋아하는 아이였지요. 그는 28세에 이집트의 알렉산드리아에서 10년 넘게 공부했는데, 이 시기에 정신적인 혼란에 빠지게 됩니다. 왜냐하면 그에게 가르침을 준 여러 스승 중 누구도 그의 욕구를 채워 주지 못했기 때문입니다. 그런 와중에 신플라톤주의의 창시자로 알려진 암모니오스 사카스를 만나게 됩니다. 그는 "이분이야말로 내가 찾던 바로 그분일세."라고 말하며, 사카스의 제자로 11년 동안 보냈습니다.

　플로티노스는 페르시아의 사제들이나 나체 수행자, 인도의 고행승이 가르치는 사상을 배우고 싶어 했습니다. 마침 젊은 황제 고르디아누스 3세가 페르시아와의 전쟁을 일으켰을 때, 그는 자신의 꿈을 이루기 위해 이 원정에 병사로 참여합니다. 그러나 고르디아누스 3세는 메소포타미아에 들어서기도 전에 전투에서 패하고 부하들에게 살해됩니다. 플로티노스는 산신히 목숨을 건져 안티오키아로 도망갔다가 로마로 돌아옵니다. 그러고는 자신의 철학 학교를 열었는데, 피타고라스학파처럼 학문

공동체라기보다는 종교 공동체적 성격이 더 강했습니다.

그가 가르침을 폈던, 3세기에 로마제국은 쇠망의 길로 들어섭니다. 불과 수개월 만에 황제가 자리를 내놓는 일이 빈번했을 만큼 극심한 혼란을 겪게 되지요. 세상이 어지러워지면서 그의 가르침은 사람들에게 인기가 좋았습니다. 평민에서부터 여자, 원로원 의원에 이르기까지 다양한 계층의 사람들이 그의 공동체에 드나들었습니다. 그중에는 갈리에누스 황제 부부도 있었는데, 그들은 플로티노스에게 무언가를 해주고 싶었습니다. 여기에 플로티노스는 캄파니아에 철학자들을 위한 도시를 지어 달라고 부탁합니다. 플라톤의 법에 따라 살아가는 도시라는 뜻에서 이름도 플라토노폴리스라고 지었습니다. 그러나 플로티노스를 시기했던 궁중 신하들의 반대에 부딪혀 그 꿈을 이루지는 못했습니다. 플로티노스는 철저하게 비정치적인 인물이었습니다. 플라톤이 현실정치 세계의 모순을 이성을 통해 개혁하고자 했다면, 플로티노스는 철저히 개인적인 관점에서 순수한 사유와 종교 공동체를 바랐습니다.

스승 암모니오스에게는 플로티노스 말고도 헤렌니오스와 오리게네스라는 제자가 있었습니다. 그들은 스승의 가르침을 절대로 글로 남기지 않겠다는 약속을 스승에게 했습니다. 그러나 헤렌니오스를 처음 시작으로 오리게네스와 플로티노스도 스승과의 약속을 어기게 됩니다. 플로티노스는 이때부터 15년 동안 무려 54권의 책을 쓰게 됩니다. 그의 작품들은 후에 포르피리오스가 9권씩 묶어 모두 6집으로 편집했습니다.

그런데 포르피리오스는 피타고라스학파적 기질이 있었던 것 같습니다. 그가 스승의 저서를 아홉 권씩 묶어 편집한 이유는 숫자 9가 '완성'

의 의미를 가지고 있기 때문입니다. 스승의 가르침이 완전한 것임을 말하고 싶었던 게 아닐까 싶습니다. 후대 사람들은 이 책을 《엔네아데스》라고 불렀는데, '엔네아'란 그리스어로 9를 뜻합니다. 플로티노스는 글을 쓸 무렵 시력을 상당 부분 잃었기 때문에 단숨에 써내려갔고, 한 번 쓴 글은 다시 읽어 보지 못했다고 합니다.

이 저작들은 일반적으로 플라톤적 경향을 보이고 있지만, 플라톤 철학의 의미와 색채는 사라지고, 주로 플라톤이 후기에 몰두한 이데아론과 피타고라스학파의 신화들에 대해서만 논하고 있습니다.

일자, 세상 모든 것의 영원한 원천

플로티노스 철학의 중심 이론은 '삼위일체론'입니다.

삼위는 일자(그리스어로는 to hen, 영어로는 the One), 정신Nous 그리고 영혼Psyche을 말합니다. 플로티노스에 따르면 이 세 가지는 나열 순서대로 높은 지위를 가지고 있으며, 일자一者에서 정신이, 정신에서 영혼이 나온다고 생각했습니다. 기독교에 끼친 영향에도 불구하고, 이 이론은 기독교적 이론이 아니라 신플라톤주의적 이론입니다.

그의 동문이었던 오리게네스는 기독교인이었는데, 그도 삼위일체설을 내놓았습니다. 이 삼위일체설 역시 서로 다른 차원의 삼위를 주장하였는데, 이로 인해 오리게네스는 나중에 이단의 판결을 받게 됩니다. 다행히 플로티노스는 기독교인이 아니었기에 비난의 표적에서 벗어났습니다. 그는 비록 기독교인이 아니었지만, 기독교를 국가 종교로 공식화한 콘스탄티누스 황제 시대까지 커다란 영향을 미칩니다.

플로티노스의 '일자' 개념은 파르메니데스가 주장한 '존재'와 매우 유사합니다. 파르메니데스가 '존재는 존재한다'라고 말한 것은 이 외에 '존재' 혹은 '있음'을 달리 설명할 방법이 없었기 때문입니다. 플로티노스도 '일자는 존재한다'라고 말하는 외에 달리 표현할 방법이 없었습니다. 일자에 대해 다른 방식의 기술이 가능하다는 것은, 일자보다 더 위대한 다른 것이 있을 수 있다는 뜻이 되기 때문입니다. 플로티노스는 일자를 신으로 말하는가 하면, 때로는 플라톤의 이데아 중의 이데아인 '선의 이데아'로서 일자를 말하기도 합니다. 일자는 존재보다 더 위대하고, 어디에든 있으면서 어느 곳에도 없고, 무엇이라고 규정할 수는 없으나 도처에 가득 차 있습니다. 따라서 그는 일자에 대해서는 무슨 말을 하는 것보다 침묵하는 편이 더 낫다고까지 말합니다.

플라톤은 모든 이데아 중에 가장 중요한 이데아, 혹은 이데아 그 자체를 선의 이데아로 생각했고, 그것은 곧 신을 의미합니다. 하지만 플라톤의 신이 우주를 창조한 창조자는 아닙니다. 말하자면, 플라톤의 신은 태양처럼 이미 존재하는 세계를 비추어 눈에 보이게 하는 기능을 하는 존재입니다. 동굴의 비유에서 참된 인식에 도달하기 위해 태양이 필요했던 것처럼 말이지요. 여기에서 플라톤과 플로티노스의 차이가 드러납니다. 플로티노스의 일자는 창조의 역할까지 담당하고 있습니다. 그는 말합니다.

"일자는 어떤 것이 아니라 어떤 것보다도 앞서 있다. 그리고 일자는 존재자도 아니다. 왜냐하면 존재자는 존재자의 형상을 가지지만, 일자는 형상이 없으며, 정신적인 형태도 갖추고 있지 않기 때문이다. 이럴 수밖에 없는 것은 일자의 본질이 만물의 창조자이기 때문이다."

이제 일자로부터 '정신Nous'이 나오게 됩니다. 플로티노스의 '정신'은 플라톤의 이데아와 유사합니다. '정신'은 존재하는 관념적 현실들의 총합입니다. 예를 들어 설명하면 이렇습니다. 우리가 살고 있는 현실 세계에는 수없이 많은 의자들이 존재합니다. 이 의자는 물질적인 것이며 매우 다양한 모습과 다양한 재료로 구성되어 있습니다. 이처럼 다양한 의자들이 가지고 있는 공통적인 특성을 추려내 우리는 의자라고 하지요. 그러나 플라톤과 플로티노스는 구체적이고 물질적인 다양한 의자가 먼저 있는 게 아니라, 순수하게 관념적인 의자의 이데아나 정신이 먼저 존재한다고 보았습니다. 다시 말해 의자라는 이데아나 정신이 지금 내가 앉아 있는 의자보다 우위에 있고, 먼저 발생한 것이지요. 따라서 '일자'는 하나이지만 '정신'은 다수입니다.

플라톤이 이데아를 경험한 철학자의 모습을 동굴에 갇혀 있는 죄수를 통해 설명했듯이, 설명 불가능한 것을 이해시키는 방법 중 하나는 비유의 방식일 것입니다. 플로티노스 역시 일자를 태양에 비유해 설명합니다.

"빛은 태양과 떼려야 뗄 수 없이 결합되어 있다. 빛을 태양에서 분리할 수는 없다. 빛은 항상 태양의 편에 머무른다. 이와 유사하게 존재도 그 근원인 일자에서 떨어질 수가 없다."

태양이 빛을 내뿜듯, 일자는 스스로 충만함에 의해 유출됩니다. 이렇게 유출된 것이 정신이며, 정신은 일자 자신을 볼 수 있도록 해주는 햇빛에 해당합니다.

삼위의 세 번째이자 가장 낮은 위치에 있는 것은 영혼(Psyche, 프시케)입니다. 영혼은 내면과 외면이라는 이중적 구조를 가지고 있습니다. 영혼은 내면에 있어서는 정신과 관계를 맺고 있지만, 외면에 있어서는 감각 세계와 관계를 맺습니다. 우리 영혼이 상승을 하면 정신에 도달하고, 하강을 하면 자연으로 떨어집니다. 물론 자연계와 감각의 세계는 영혼에 의해 만들어집니다. 다시 말해, 영혼이 순수하면 순수할수록 정신에 가까워지고, 혼탁해질수록 자연에 가까워지는 것이지요.

플로티노스의 삼위일체설을 다시 정리하면 이렇습니다. 삼위는 최고의 일자와 최저의 물질계로 이루어지며, 최고와 최저를 오가는 왕복운동을 합니다. 최고의 일자에서 정신이 나오고, 정신에서 영혼이 나옵니다. 영혼은 두 가지로 구분이 되는데, 정신에 가까운 영혼과 정신에서 멀리 있는 영혼입니다. 후자가 결국 자연을 만들게 되는데, 물질계의 개별 사물들이 바로 그것입니다. 또한 그 역으로, 낮은 단계에 있는 것은 높은 단계로의 상승 과정이 있습니다. 높은 단계에서 낮은 단계로 나오는 것을 '유출'이라고 하며, 낮은 단계에서 높은 단계로의 이동은 '관조'를 통해 이루어집니다.

플로티노스에 의하면 우리 인생의 궁극적 목적은 일자를 관조하는 것입니다. 그는 "일자는 우리를 주목하지도, 갈망하지도 않는다. 반대로 우리가 일자를 주목하고 갈망한다."라고 말합니다. 그러면 영혼이 일자로 나아가기 위해서는 어떻게 해야 할까요? 영혼의 가장 낮은 단계에 있는 물질의 세계에서 벗어나야 합니다. 물질의 세계를 벗어나 일자로 나아가는 과정을 플로티노스는 '정화'라고 불렀습니다. 우리는 일자를 관조하면서 물질계에 속해 있는 자신을 정화를 통해 잊어버려야 하는 것입니다.

플로티노스는 물질계에서 벗어나 순수하게 일자를 경험한 무아의 황홀경에 몇 번이고 도달했다고 전해집니다. 이러한 신비 체험은 환각제에 의한 황홀경이나 신비적 의식을 통한 의식 변화와는 상관이 없습니다. 그것은 금욕주의를 통한 자기 정화에 의해 영혼이 신과 동등한 위치로 올라선 결과입니다. 그는 자신의 체험에 대해 이렇게 말합니다.

"때때로 나는 육체를 벗어던지고 자신으로부터 깨어난다. 그리하여 세상의 모든 것으로부터 떨어져 나와 지고의 아름다움을 보게 된다. 이 때 나는 자신이 가장 숭고한 운명을 지니고 있다는 확신에 사로잡힌다. 무아경의 상태는 인생에서 이룰 수 있는 가장 높은 경지이니, 나는 신성한 존재와 하나가 되어 관념적인 모든 존재를 초월한 상태에서 그분에게 스스로를 비춰 본다."

고대 철학을 넘어 중세 철학으로

플로티노스가 그토록 벗어나고자 했던 육체는 죽을 때까지 그를 괴롭혔습니다. 말년에 그는 손과 발이 곪아터질 정도로 심한 피부병을 앓았는데, 그럼에도 몸을 돌보지 않았습니다. 병세는 나날이 악화되고 급기야 임종을 보러 온 제자들에게 "지금 내 안에 있는 신성한 것을 우주 안에 있는 신성한 것으로 끌어올리려고 노력하는 중이노라."라는 말을 남기고 숨을 거둡니다. 그의 나이 일흔여섯 살이었습니다.

플로티노스의 철학은, 영혼은 영원하고 육체는 곧 소멸하는 것으로 가르치는 중세철학의 입맛에 딱 맞아떨어지는 것이었습니다. 최초이자 최고의 기독교 신학자였던 성 아우구스티누스는 이렇게 말합니다.

"그의 생각 중 몇 마디만 바꾸면 그는 그리스도인이나 다름없었다."

그의 죽음은 고대 세계의 끝과 맞물립니다. 그리스의 위대한 시인들로부터 탈레스를 거쳐 소크라테스와 플라톤, 아리스토텔레스, 그리고 로마 시대의 스토아학파와 에피쿠로스학파 등을 지나 플로티노스까지 약 천 년의 세월이 흘렀습니다.

고대 철학은 플로티노스의 죽음과 함께 분기점에 이르게 됩니다. 이때부터 서양의 철학은 교회의 보호 아래 들어가게 되기 때문입니다. 바야흐로 중세가 도래한 것입니다. 철학은 이제 '신학의 시녀'가 됩니다. 버트런드 러셀은 이 천 년의 시간들, 고대 철학이 발전하고 쇠퇴한 시간들에 대해 이렇게 말합니다.

그리스 사람들의 철학적 전통은 본질적으로 계몽과 해방을 추구한 운동이었다. 그리스철학이 목표로 하는 것은 사람의 정신을 무지의 질곡에서 해방시키는 것이기 때문이다. 그리스의 철학적 전통은 이 세계를 이성을 통해 이해할 수 있는 것으로 보게 함으로써 미지의 것들에 대한 두려움을 제거한다. 그리스의 철학적 전통을 계속 유지시킨 것은 로고스이고, 그리스 철학이 열망하는 것은 최고선의 형상의 인도를 받아 지식을 추구하는 것이다.

그리스철학의 전통은 밝은 햇빛에 노출된 아름다운 해변가 풍경처럼 밝고 긍정적입니다. 그들에게 부정성이나 철학적 자폐성, 종교적 신비성은 찾아볼 수 없습니다. 그들은 맑고 투명한 눈으로 맑고 투명하게 세상을 바라보았고, 그것이 있는 대로 탐구하고자 하였습니다. 이러한 탐구 자세는 그 자체가 윤리적으로 선한 것으로 여겨졌습니다.

소크라테스는 음미되지 않는 삶은 살 가치가 없다고 생각했고, 아리스토텔레스는 사람에게 진실로 소중한 것은 오래 사는 것이 아니라 훌륭하게 사는 데에 있다고 말했습니다. 물론 헬레니즘 시대와 로마 시대에 등장한 스토아철학이 그리스의 이러한 긍정적 가치관을 개인의 만족과 위안으로 대체시킨 것은 사실입니다. 그러나 여전히 서양 문명을 이끄는, 지성의 골격을 이루고 있는 최상의 것들은 모두 그리스철학의 전통에 근원을 두고 있습니다. ♣

| 고대 그리스 철학자 계보 |

밀레토스학파　　탈레스 ── 아낙시만드로스 ── 아낙시메네스 ── 헤라클레이토스

엘레아학파　　크세노파네스 ── 파르메니데스 ── 엘레아의 제논

엠페도클레스
아낙사고라스 ─────────────────────────→ **소피스트** ──
데모크리토스

　　　　　　　피타고라스

소크라테스 ──────→ **플라톤** ──

(키니코스학파) 안티스테네스 ── 디오게네스 ── 크라테스, 히파르키아 ──

(키 레 네 학 파) 아리스티포스 ──────────────────

(메 가 라 학 파) 에우클레이데스 ── 스틸폰 ──────────

프로타고라스 —— 고르기아스 —— 프로디코스 —— 히피아스

아리스토텔레스 → **페리파토스학파**
(소요학파)

신플라톤학파　　플로티노스 —— 프로클로스

스토아학파　　키티온의 제논

에피쿠로스학파　　에피쿠로스

회의론자　　피론 - 아이네시데모스

클레안테스 —— 크리시포스 —— 파나이티오스 —— 세네카 —— 에픽테토스 —— 아우렐리우스

| 단숨에 정리되는 그리스철학 연표 |

◈ 기원전

3000년경 오리엔트 문명의 영향을 받아 에게 문명이 탄생하다.

1400년경 크레타 문명이 몰락하고 뒤이어 미케네 문명이 발달하다.

10~8세기 그리스 세계에 도시국가인 폴리스들이 등장하다.

8세기 호메로스가 서사시 《일리아드》와 《오디세이》를 저술하다.

624년 '최초의 철학자' 탈레스가 소아시아의 밀레토스에서 태어나다. 그는 '물'을 만물의 근원으로 보았다.

610년경 만물의 시원을 아페이론이라고 주장한 아낙시만드로스가 밀레토스에서 태어나다. 그는 세계지도를 처음 만들었으며, 우주와 세계를 최초로 일관되게 설명했다.

7세기 그리스 7현인이 등장해 활약하다.

585년경 아낙시메네스가 밀레토스에서 태어나다. 그는 공기를 만물의 생성과 소멸의 근원으로 보았다. 이해의 5월 28일 탈레스가 개기일식을 예측하다.

582년경 피타고라스가 밀레토스 인근의 사모스 섬에서 태어나다. 그는 '철학'이란 용어를 최초로 사용했으며 헤미키클레온(반원)을 세웠다.

570년경 만물의 근원을 흙으로 이해한, 시인 크세노파네스가 태어나다.

551년 중국 춘추시대의 사상가인 공자가 태어나다(BC 551~BC 479).

540년경 '어두운 철학자' 헤라클레이토스가 에페소스에서 태어나다. 그는 세계를 변화의 관점에서 이해하고 그 원리를 '로고스'라고 했다.

532년 피타고라스가 이탈리아의 크로톤으로 이주해 종교적, 철학적 공동체인 피타고라스 교단을 만들다.

515년 파르메니데스가 남부 이탈리아 엘레아에서 태어나다. 형이상학의 창시자로 여겨지는 그는 존재는 변화하지 않는다고 보았다.

500년경 아낙사고라스가 태어나다. 그는 원소들에게 질서를 부여해 만물을 이루게 하는 정신이자 운동 원리인 누스Nous를 강조했다.

492년 페르시아 전쟁이 시작되다. 기원전 479년까지 이어진 이 전쟁에서 그리스가 승리하여 아테네 문화는 번영을 맞게 된다.

490년 마라톤 평원에서 그리스가 페르시아 군대를 무찌르다.

490년 시칠리아 남부의 아크라가스에서 엠페도클레스가 태어나다. 그는 세상 만물이 물, 불, 공기, 흙의 4원소로 이루어졌다는 4원소설을 주장했다.

470년 소크라테스가 아테네에서 태어나다.

460년경 압데라에서 원자론을 체계화한, '웃는 철학자' 데모크리토스가 태어나다.

460년 델로스 동맹을 이끌며 아테네의 황금시대를 연 페리클레스가 등장하다.

450년 아테네가 소피스트들의 전성기를 맞이하다. 당시에 유명한 소피스트로는 프로타고라스, 고르기아스, 프로디코스, 히피아스, 트라시마코스 등이 있다.

446년 아테네와 스파르타가 30년간 평화협정을 맺다.

441년 소크라테스가 사모스에 체류하며 아낙사고라스의 제자 아르케라오스와 교류하다.

435년 소크라테스가 아테네에서 가르침을 펴다.

435년경 소크라테스의 제자로 키니코스학파를 창시한 안티스테네스가 태어나다.

432년 아낙사고라스가 아테네에서 불경죄로 심판받고 국외로 추방되다.

431년 아테네와 스파르타 사이에 펠로폰네소스 전쟁이 일어나다(431~404).

431~425년경 헤로도토스가 페르시아 전쟁사를 다룬 《역사》를 펴내다.

428년 플라톤이 아테네에서 태어나다.

404년 펠로폰네소스 전쟁에서 스파르타가 승리하다.

400년경 흑해 연안의 시노페에서 키니코스학파의 대표적 철학자인 디오게네스가 태어나다. 금욕주의자였던 그는 덕德을 최상의 가치로 여겼다.

399년 소크라테스가 재판을 받고 사형에 처해지다.

399년 소크라테스의 제자인 안티스테네스, 키레네의 아리스티포스, 메가라의 에우클레이데스가 각각 학교를 설립하다.

390년 이소크라테스가 아테네에 학교를 세우고 철학을 일반교양으로 처음 가르치다.

388년 플라톤이 이탈리아를 여행하며 시라쿠사에서 디온을 처음 만나다.

387년 플라톤이 아테네의 아카데모스에 유럽 대학의 원조격인 아카데메이아를 세우다.

384년 아리스토텔레스가 그리스 북부의 스타게이로스에서 태어나다.

372년 중국 전국시대의 사상가인 맹자가 태어나다(BC 372~BC 289).

369년 아리스토텔레스가 아카데메이아에 입문하다. 플라톤과 함께 그리스 최고의 사상가로 꼽히는 그는 인문, 사회, 자연 등 모든 분야에 걸쳐 학문적 체계를 세웠다.

356년 알렉산드로스 대왕이 태어나다.

347년 플라톤이 죽고, 스페우시포스가 아카데메이아의 2대 교장이 되다.

343년 아리스토텔레스가 어린 알렉산드로스의 스승이 되다.

339년 플라톤의 제자인 크세노크라테스가 아카데메이아의 3대 교장이 되다.

336년 마케도니아에서 알렉산드로스 대왕이 즉위하다.

335년 아리스토텔레스가 아테네에 리케이온이라는 학교를 세우다.

334년 마케도니아의 알렉산드로스 대왕이 페르시아 원정을 떠나다.

328년 크라테스를 비롯해 키니코스학파의 제자들이 활약하다.

322년 아리스토텔레스가 죽다.

320년 회의주의학파의 시조인, 엘리스의 피론이 철학적 가르침을 펴다.

310년 키티온의 제논이 아테네에서 스토아학파를 열다. 그는 금욕을 통해 아파테이아에 도달할 것을 주장했다.

306년 에피쿠로스가 아테네에 학교를 세우다. 그는 정신적 쾌락을 중시한 아타락시아를 추구했다.

263년 제논이 죽고 클레안테스가 스토아학파를 이끌다. 그의 학문은 종교적인 색채가 짙었으며 의지력을 덕의 원천으로 삼았다.

230년 클레안테스가 죽고, 크리시포스가 학파를 이끌며 스토아철학을 최초로 체계화하다.

129년 파나이티오스가 중기 스토아학파의 태두가 되다.

1세기 파나이티오스의 제자인 포세이도니오스가 로마에서 활약하다. 그는 정념(충동, 감정)을

영혼의 한 부분으로 여기고, 이성으로써 그를 극복할 수 있다고 보았다.

27년 악티움 해전에서 안토니우스와 클레오파트라의 연합군을 격파하고 패권을 잡은 아우구스투스(옥타비아누스)가 로마의 초대 황제가 되다.

◈ **기원후**

40년 알렉산드리아의 유대인 철학자인 필론이 활동하다. 그는 유대 사상과 그리스 철학을 융합해 로고스설을 주장하였다.

49년 후기 스토아철학을 대표하는 세네카가 네로 황제의 스승이 되다.

54년 로마의 5대 황제인 네로의 재위가 시작되다(54~68).

95년 세네카의 뒤를 이은 노예 철학자, 에픽테토스가 도미티아누스 황제의 철학자 추방령에 따라, 그리스 북서부의 니코폴리스에 정착해 가르침을 펴다.

161년 오현제의 마지막 황제로 《명상록》을 남긴 마르쿠스 아우렐리우스가 재위에 오르다.(161~180)

200년 디오게네스 라에르티우스가 《철학자 열전》을 펴내다.

244년 신플라톤학파를 대표하는 플로티노스가 아테네에 학교를 세우다. 그의 삼위일체 사상은 기독교 신학에 큰 영향을 미쳤다.

313년 로마 콘스탄티누스 대제가 크리스트교를 공인하다(밀라노 칙령).

395년 로마 제국이 동로마와 서로마로 분열되다.

476년 서로마 제국이 게르만족의 침입으로 멸망하다.

529년 유스티니아누스 황제가 이교 사상이라는 이유로 아카데메이아를 폐쇄하다.

본문의 도판 사용과 관련해 도움을 주신 Nikos Kanellopoulos(산토리니 섬), Madmedea(고대 아고라), Njaker(피타고라스 조형물), Sébastien Bertrand(아테네 아카데미), Tony f(디오게네스 조형물), DerHexer(아탈로스 주랑), Hoshidoshi(세네카 조형물), NoJin(아우렐리우스 기마상), 박석범(루브르박물관) 님께 고마운 마음을 전합니다.

고대 그리스철학 천년의 사유를 읽는다!
단숨에 정리되는 그리스철학 이야기

초판 1쇄 발행일 | 2014년 6월 15일
초판 2쇄 발행일 | 2021년 12월 20일

지은이 | 이한규
펴낸이 | 이우희
펴낸곳 | 도서출판 좋은날들

출판등록 | 제2011-000196호
등록일자 | 2010년 9월 9일
일원화공급처 | (주) 북새통
(03938) 서울시 마포구 월드컵로36길 18 902호
전화 | 02-338-7270 · 팩스 | 02-338-7160
이메일 | igooddays@naver.com
디자인 | su:

copyright ⓒ 이한규, 2014
ISBN 978-89-98625-06-1 43160

국립중앙도서관 출판시도서목록(CIP)

단숨에 정리되는 그리스철학 이야기 : 고대 그리스철학 천년의 사유를 읽는다! / 지은이: 이한규. -- 서울 : 좋은날들, 2014
        p. ;   cm
ISBN 978-89-98625-06-1 43160 : ₩12800
그리스철학[--哲學]
160-KDC5   CIP2014016906